◆◆◆ An einem Wochenende ◆◆◆

Gartenprojekte

◆◆◆ An einem Wochenende ◆◆◆

Gartenprojekte

Einfache Schritt-für-Schritt-Projekte
für maximalen Erfolg bei minimalem Einsatz

Julie London

Bechtermünz Verlag

Danksagung

Danke an alle, die an diesem Buch mitgearbeitet haben.
Es dokumentiert die Leistung des gesamten Teams.

Originaltitel: Garden Projects in a weekend

Deutsche Erstausgabe

Produktion: Neumann & Nürnberger, Leipzig
Übersetzung: Regina van Treeck, Leipzig
Design: Anthony Cohen
Fotografie: Lucinda Symons
Stylistin: Denise Brock
Gesamtherstellung: Druckerei Appl, Wemding
Printed in Germany
ISBN 3-8289-1524-8

Inhalt

Einführung

Wie oft schon haben Sie in Zeitschriften schöne Aufnahmen von Gärten mit tollen Ideen für Gartenmöbel und mit interessanten Blickfängen gesehen und gedacht, wenn ich solche Dinge doch auch selbst herstellen könnte? Hier ist nun ein Buch, das Ihnen helfen wird, diesen Gedanken zu verwirklichen, das Ihnen Anregungen und realisierbare Ideen vermittelt, wie Sie Ihren Garten ausgestalten können.

Viele der vorgestellten Projekte eignen sich für kleine Gärten und Balkons oder können einem begrenzten Platzangebot angepaßt werden. Haben Sie beispielsweise keinen großen Garten, dann läßt sich der Baldachin auf Seite 62 auch kleiner machen und zu einer Art Veranda abwandeln, indem Sie am Mauerwerk einer Hausseite Haken befestigen und genau gegenüber im Garten zwei Stangen zum Einhängen der anderen Baldachinseite aufstellen. Der Nistkasten, die Blumenampel und die Kletterhilfe für Rankpflanzen passen auch auf sehr beengten Raum, und selbst das Mosaikwasserbecken kann so verkleinert werden, daß es Platz auf einem Balkon findet.

Ich habe mich bemüht, Material zu verwenden, das ohne weiteres erhältlich ist, sowie Dinge, die man für gewöhnlich wegwirft. Die Palettenliege und die bunten Laternen sind gute Beispiele für die Wiederverwendung von Gegenständen, die ansonsten als unbrauchbar in den Müll geworfen werden, und denen man mit etwas Phantasie einen neuen Gebrauchswert geben kann. Die Werkzeuge, mit denen ich gearbeitet habe, besitzt ein Hobbyhandwerker ohnehin; sollten Sie das eine oder andere nicht haben, dann können Sie es sich wahrscheinlich ohne weiteres bei Bekannten oder Verwandten ausleihen.

Den Erholungswert eines Gartens kann man gar nicht hoch genug schätzen. Hier kann selbst das kleinste Fleckchen mit Töpfen und Spalieren und vielleicht mit einem Nistkasten geschmückt werden. All das kann die Gesamtanlage eines Gartens interessanter aussehen lassen, und wenn die Pflanzen zum Ende des Jahres hin allmählich vergehen, dann verleihen Farben, Mosaiken und Schablonenmalereien dem Garten einen zusätzlichen Reiz.

Sie müssen gar kein eifriger Hobbygärtner sein, um die Vorzüge zu erkennen, die das Ausgestalten Ihres Gartens hat. Der gegenwärtige Trend, das Zuhause auf den Garten auszudehnen und so einen zusätzlichen Wohnbereich zu schaffen, eröffnet viele gestalterische Möglichkeiten. Wenn Sie sich also mit den folgenden Projekten beschäftigen wollen, dann beginnen Sie zunächst mit etwas Kleinem, Einfachem wie etwa den Laternen aus bemaltem Glas; dem Resultat ist gar nicht anzusehen, wie unkompliziert das Anfertigen war, und der Erfolg wird Ihr Vertrauen in die eigenen Fähigkeiten stärken. Wagen

Sie sich danach an die größeren Dinge. Das schwierigste ist der Pavillon. Sie brauchen nicht nur dafür, sondern auch für alle größeren Projekte jemanden, der Ihnen hilft. Bei allen Arbeitsgängen sollten Sie daran denken, geeignetes Werkzeug zu benutzen. Man erspart sich damit zwar nicht alle, jedoch die meisten Enttäuschungen.

Wo es möglich war, habe ich Materialien eingesetzt, die einfach zu beschaffen sind.

Achten Sie stets darauf, das richtige Material auszuwählen und zu verwenden. Nehmen Sie beispielsweise für das Mosaikwasserbecken aus falscher Sparsamkeit anstelle von Spezialklebstoff und wasserdichtem Mörtel einfachen Fliesenkleber, dann wird das Becken möglicherweise undicht. Diese Spezialerzeugnisse sind so beschaffen, daß sie auch extremen Außentemperaturen standhalten. Das ist natürlich für ein Wasserbecken, das das ganze Jahr über im Freien steht, unumgänglich.

Dieses Buch soll Sie anregen, Dinge selbst herzustellen, Ihren Garten mit leuchtenden Farben und auch mit selbstentworfenen Gegenständen zu verschönen und die folgenden Vorschläge als Ausgangspunkt für weitere kreative Gestaltungsideen zu betrachten. Die Arbeit daran hat uns allen viel Vergnügen bereitet. Ich hoffe, Sie haben Spaß daran, unsere Projekte in die Tat umzusetzen und wünsche Ihnen viel Freude am Sommer und an den Früchten Ihrer Arbeit.

Tisch mit Spielbrett

Diesem Tisch ist kaum anzusehen, daß er ursprünglich ein Türblatt war. Werten Sie die schmucklose Holzplatte mit Ihrem eigenen Design auf und versehen Sie sie mit einem Schach- und Damebrett, an dem Sie die Sommernachmittage verbringen können.

Dieser Tisch mit Spielbrett entstand in Anlehnung an die Tradition, im Freien Schach, Karten und Backgammon zu spielen. Als hübsche Ergänzung für den Sommergarten wird er wohl bei Erwachsenen wie bei Kindern gleichermaßen Anklang finden. Das Schachbrettmuster läßt sich leicht anfertigen; ich habe es mit Schwämmchen aufgebracht, die ich mir vorher von einer Schaumgummiverpackung für Weingläser zurechtgeschnitten hatte. Verwenden Sie zum Aufdrucken der Kästchen zwei Töne ein und derselben Farbe, so daß das Schachbrettmuster deutlich hervortritt. Für die Gestaltung der restlichen Tischfläche können Sie Ihrer Phantasie dann freien Lauf lassen.

Türblätter werden in Baumärkten verkauft. Sie brauchen ein ebenes Türblatt ohne Paneelierung; ansonsten wird das Bedrucken bzw. Bemalen schwierig. Sägen Sie den Rohling auf Maß und versehen Sie die Schnittfläche entweder mit einem Abschluß oder übermalen Sie sie einfach. Für die Tischbeine habe ich die stärksten Kanthölzer aus Nadelholz genommen, die erhältlich waren. Sie sind mit Metallwinkeln an der Tischplatte befestigt. Anstelle des Türblattes können Sie eine geleimte Massivholzplatte verwenden, die auf Wunsch gleich in der Zuschnittabteilung Ihres Baumarktes auf das gewünschte Maß zurechtgesägt wird. Der Tisch läßt sich aber ebensogut aus Materialien zusammenbauen, die anderswo ausgedient haben und ausrangiert worden sind.

Das Ganze bekam zunächst einen Voranstrich und wurde dann mit Farbe auf Wasserbasis bemalt, die ich vorher etwas verdünnt habe, damit sie sich leichter verstreichen läßt. Ich habe ein Muster aus Kringeln und Tupfern in leuchtenden Farben gewählt, um dem Tisch einen Ethno-Look zu geben. Die Kanten wurden passend zum Schachbrettmuster in der Tischmitte mit Schwämmchen bedruckt.

Natürlich bieten sich auch viele andere Gestaltungsmöglichkeiten wie beispielsweise ein Backgammon-Brett oder ein Spielfeld für Mensch-ärgere-dich-nicht, und vielleicht malen Sie mit Schultafelfarbe auf die Tischecken noch Anschreibetafeln auf, in die dann mit Kreide die Punktgewinne bei den Spielen eingetragen werden. Die Möglichkeiten sind hier unbegrenzt. Sollten Sie sich beim Freihandzeichnen unsicher fühlen, dann verwenden Sie Schablonen oder zergliedern Sie Ihr Muster in mehrere Teile. Versehen Sie den Tisch zum Schluß mit einigen Schutzschichten aus Lack für Außenanstriche. Vor Beginn der kalten Jahreszeit stellen Sie das Schmuckstück am besten ins Haus.

Ihr Zeitplan

ERSTER TAG
VM: Material einkaufen; Platte und Tischbeine auf Maß sägen
NM: Tischbeine an der Platte befestigen und streichen; Tischplatte grundieren

ZWEITER TAG
VM: Mit Schaumgummischwämmchen das Schachbrettmuster auftragen; sonstige Muster aufmalen
NM: Tisch lackieren

Werkzeug und Material

1 glattes Türblatt, 73,5 cm breit

Kantholz, 40 mm x 40 mm

16 Metallwinkel, 90°

Bleistift

Schrauben

Einspannvorrichtung

Farbe und Vorstreichfarbe

Schwämmchen

Stichsäge

Bohrer

Farbloser Lack für Außenanstriche

Aus graphischen Gründen wurde bei den Arbeitsanleitungen auf die vollständige Angabe der Tageszeiten verzichtet; Vormittags = VM Nachmittags = NM

Erster Tag

Arbeitsgang 1
Sägen Sie das Türblatt auf 120 cm Länge. Teilen Sie das Kantholz in vier Tischbeine von je 73 cm Länge.

Arbeitsgang 2
Markieren Sie an der Unterseite der Platte die Position der Tischbeine. Legen Sie dazu die Tischplatte mit der Unterseite nach oben auf den Boden, stellen Sie die Tischbeine aufrecht und legen Sie die Metallwinkel so an, daß jeweils zwei mit der Tischkante abschließen. Zeichnen Sie die Bohrlöcher der Winkel auf der Tischplatte und den Tischbeinen mit Bleistift an.

Arbeitsgang 3
Spannen Sie ein Tischbein ein, bohren Sie die angezeichneten Löcher vor und schrauben Sie die Metallwinkel an. Wiederholen Sie den Arbeitsgang mit den übrigen drei Tischbeinen. Wählen Sie die Schrauben für die Tischbeine nicht zu lang, damit sie nicht in der Mitte zusammentreffen.

Arbeitsgang 4
Schrauben Sie die Tischbeine an der Platte fest, wie es in der Abbildung dargestellt ist.

Arbeitsgang 5
Versehen Sie die festgeschraubten Tischbeine nun mit mindestens zwei Anstrichen aus Acrylfarbe und streichen Sie dabei über die Metallwinkel hinweg. Ich habe jedem Bein eine andere Farbe gegeben. Sie können sie natürlich auch alle mit derselben Farbe streichen.

1

2

3

4

5

Farbe sparsam einkaufen und verwenden

Malen Sie die Muster mit Acrylfarbe auf. Das ist eine gute Gelegenheit, eventuell vorhandene Farbreste aufzubrauchen. Vielleicht bekommen Sie auch irgendwo kleine Büchsen mit Farbproben zu kaufen; dann brauchen Sie keine großen Gebinde zu nehmen, die Sie vielleicht gar nicht noch einmal benötigen.

6

7

8

9

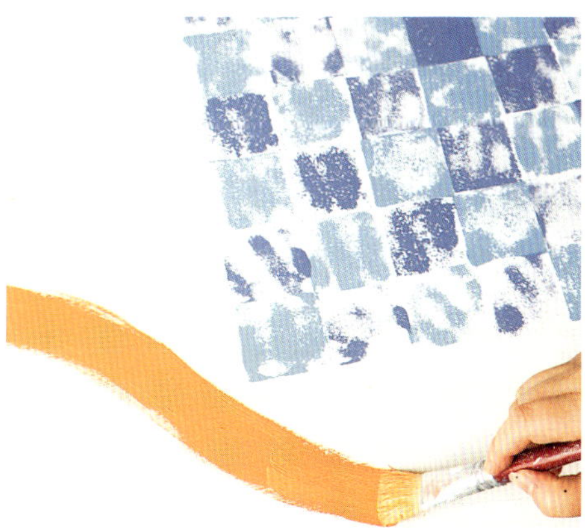

10

Arbeitsgang 6
Stellen Sie den Tisch auf die Beine und grundieren Sie die Oberseite und die Seitenflächen der Platte. So haftet die Farbe besser, wenn Sie das Muster frei Hand auf die Tischplatte auftragen.

Zweiter Tag

Arbeitsgang 7
Für das Schachbrettmuster schneiden Sie zunächst zwei Schaumgummiquadrate mit 5 cm Kantenlänge zurecht. Das Material, das ich dazu verwendet habe, stammte von der Schaumgummiverpackung eines Gläsersatzes.

Arbeitsgang 8
Kennzeichnen Sie die Tischmitte mit einem Kreuz. Nehmen Sie dazu ein Lineal, damit die Linien gerade werden. Ausgehend von diesem Kreuz werden die Quadrate für das Schachbrettmuster aufgedruckt.

Arbeitsgang 9
Drucken Sie zunächst vier zentrale Quadrate in zwei unterschiedlichen Farbtönen. Die gleichfarbigen Flächen müssen einander diagonal gegenüberliegen. Fügen Sie weitere Quadrate an, bis Sie ein Schachbrettmuster aus jeweils acht diagonalen, horizontalen und vertikalen Quadraten haben.

Arbeitsgang 10
Rund um das Schachbrett habe ich ein weiteres, ein wenig von mexikanischer Folklore geprägtes elliptisches Muster aufgetragen – Orange und Mauve mit grünen Spiralen, die von gelben und weißen Tupfen hervorgehoben werden. Zum Schutz vor Witterungseinflüssen habe ich den Tisch zweimal mit Lack für Außenanstriche versiegelt.

Pavillon

Dieser zunächst etwas ungewöhnlich wirkende Pavillon bildet in einem Garten einen großartigen Blickfang. Im Laufe der Zeit werden dann duftende Rosen oder Jasmin das schmucklose Gerüst verdekken und den Pavillon zu einem winzigen Paradies machen, in dem man ungestört sitzen und zu innerer Ruhe kommen kann.

Das Schwierigste beim Bau dieses Pavillons ist das Biegen der Rohre; sie dürfen dabei nämlich nicht an der falschen Stelle flachgedrückt werden. Diese Arbeit läßt sich nicht ohne Bogenschablone ausführen. Da hier ein Projekt mit größeren Abmessungen aufzubauen ist, brauchen Sie außerdem einen Helfer, der Ihnen zur Hand geht.

Die Kupferrohre sind von der Art, wie sie für Klempnerarbeiten verwendet werden. Man bekommt sie ohne weiteres im Baumarkt zu kaufen. Für den Pavillon brauchen Sie ungefähr fünf Stück davon. Wind und Wetter lassen das Kupfer nach einer gewissen Zeit oxidieren und auf den Rohren eine reizvolle grüne Patinaschicht entstehen.

Die gebogenen und in der Mitte abgeflachten Rohre können leicht brechen; man behandelt sie deshalb bis zum Verschrauben am besten mit etwas Vorsicht.

Als Stützpfosten dienen einfache zugespitzte Baumpfähle aus dem Garten- oder Baumarkt. Ich habe sie mit einem Holzhammer direkt in den Boden geschlagen. Mit der Wasserwaage habe ich mehrmals geprüft, ob die Pfähle auch wirklich senkrecht stehen. Die horizontalen Verstrebungen aus Kupferrohr, die dem Pavillon zusätzlichen Halt geben, wurden an Ort und Stelle zurechtgesägt und eingesetzt, damit sie möglichst genau paßten.

Der Pavillon ist so gebaut, daß an den Stützpfählen und der Kuppel aus Kupferrohr Kletterpflanzen emporwachsen können. Er sieht jedoch auch ohne Bewuchs hübsch aus. Rundherum sind große Kübel mit Formbäumen aufgestellt, die dem Ganzen etwas mehr sichtbare Substanz geben.

In der Mitte der Rohrkuppel können Sie ein Windlicht oder eine Laterne anbringen, die in den frühen Stunden eines Sommerabends ein sanftes Leuchten verbreitet. Auch einen ungewöhnlichen Schmuck wie etwa ein Mobile kann man von oben herabhängen lassen. Nutzen Sie den Pavillon als Refugium, das Ihnen am Ende eines anstrengenden Tages besonders willkommen sein wird.

Ihr Zeitplan

ERSTER TAG
VM: Material einkaufen
NM: Bogenschablone herstellen; Rohre biegen; Kuppel zusammensetzen

ZWEITER TAG
VM: Stützpfähle einschlagen, Kuppel aufstecken
NM: Horizontale Verstrebungen anbringen

Werkzeug und Material

- 5 Kupferrohre von je 3 m Länge und 15 mm Durchmesser
- 6 runde, angespitzte Baumpfähle, etwa 185 cm lang
- Zentrumbohrer, 15 mm
- Holzfaserplatte mittlerer Dichte für die Bogenschablone, mindestens 1 m breit
- Bindfaden und Stift
- Einspannvorrichtung
- 1 Formfeder, 15 mm Durchmesser
- Bohrer, 6 mm Durchmesser
- Schraube, Mutter und Unterlegscheibe M 6
- Eisensäge
- Holzabschnitte
- Hammer
- Holzhammer

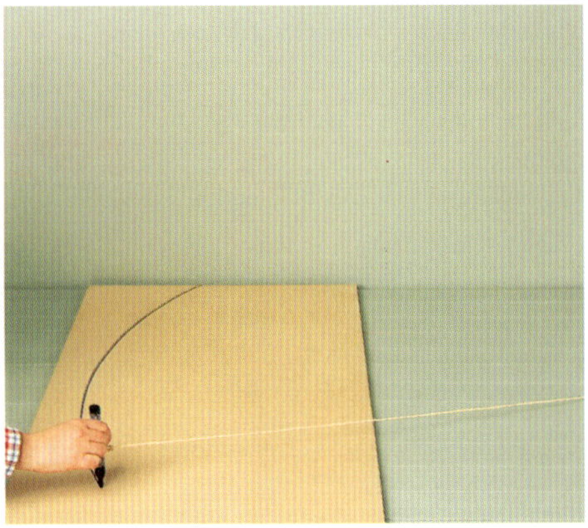

1

Erster Tag

Arbeitsgang 1

Stellen Sie zuerst die Schablone her, an der Sie die Rohre biegen können, ohne sie flachzudrücken. Nehmen Sie ein Stück Bindfaden von 1 m Länge, an dessen einem Ende ein Stift festgebunden ist. Das freie Fadenende klammern oder nageln Sie auf den Fußboden. Zeichnen Sie einen Bogen auf die Faserholzplatte oder ritzen Sie ihn in eine Holzplatte von mindestens 1 m Breite ein.

2

Arbeitsgang 2

Schneiden Sie den Bogen mit der Stichsäge aus.

Arbeitsgang 3

Befestigen Sie den Bogen vertikal in der Einspannvorrichtung und biegen Sie das Kupferrohr darüber. Beginnen Sie an einem Ende und arbeiten Sie sich nach und nach zur anderen Seite hinüber. Versuchen Sie nicht, das Kupferrohr auf einmal zu biegen; es würde von der Bogenschablone herunterrutschen. Bei dieser Arbeit müssen Sie sich von jemandem helfen lassen.

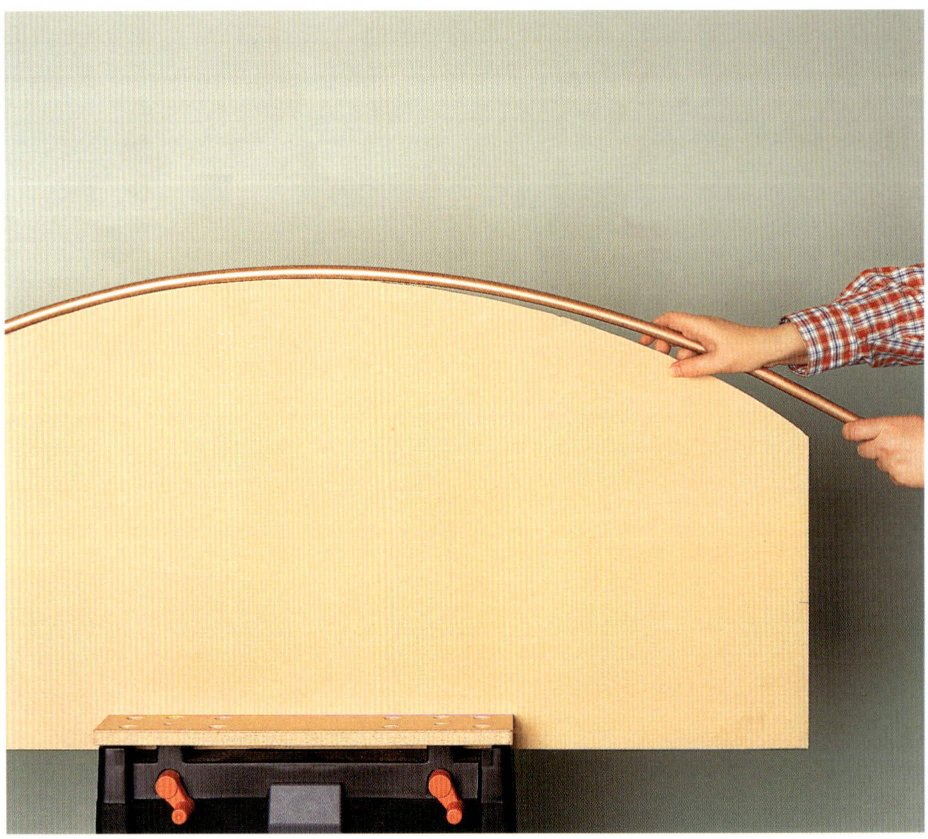

3

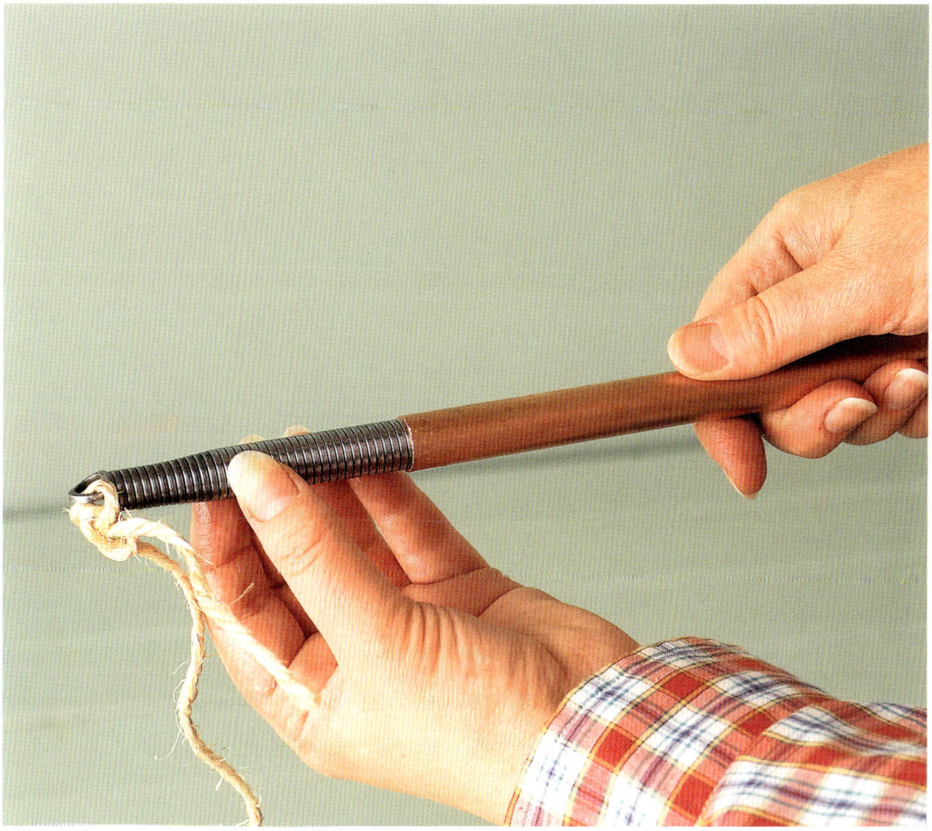

4

5

6

Arbeitsgang 4

Um die Enden der Rohre zu biegen, ohne sie dabei flachzudrücken, schieben Sie in jedes Rohrende eine Formfeder. Befestigen Sie vorher an jeder Feder ein Stück Bindfaden, so daß sie sich nachher ohne weiteres wieder herausziehen lassen. Einige Tropfen Öl – Speiseöl reicht hierfür völlig aus – verbessern die Gleitfähigkeit der Federn.

Arbeitsgang 5

Befestigen Sie die Rohrenden 5 cm tief in der Einspannvorrichtung und biegen Sie sie im gewünschten Winkel. Arbeiten Sie mit einer Einspannvorrichtung, die nicht mit einer feststehenden Unterlage verschraubt ist, dann bitten Sie Ihren Helfer, die Vorrichtung festzuhalten.

Arbeitsgang 6

Messen Sie die Mitte jedes Rohres ab und markieren Sie diesen Punkt mit Kreppband. Legen Sie das Rohr nun zwischen zwei Holzabschnitte und hämmern Sie die Rohrmitte flach.

7

Arbeitsgang 7
Spannen Sie das Rohr wieder ein, bitten Sie Ihren Helfer, das andere Ende zu halten, so daß es sich nicht bewegen kann, und bohren Sie ein Loch in die Mitte des abgeflachten Rohrteiles. Verwenden Sie dazu einen Bohrer von 6 mm Durchmesser.

Arbeitsgang 8
Verbinden Sie die drei Rohrbogen an der Bohrung, die Sie soeben angebracht haben, mit Schraube, Unterlegscheibe und Mutter, wie es in der Abbildung zu sehen ist.

Arbeitsgang 9
Versehen Sie die Stützpfosten in der Mitte des oberen Endes mit einer 15 mm breiten Bohrung, die tief genug ist, um die Kupferrohre zu halten. Verwenden Sie dazu einen Zentrumbohrer.

Zweiter Tag

Arbeitsgang 10 (s. S. 17)
Um die Position der Stützpfähle zu bestimmen, setzen Sie die Rohrkuppel auf den Boden. Markieren Sie die sechs

Stützpfosten anbohren

Die Löcher in den oberen Pfostenenden müssen ein wenig größer sein als der Durchmesser der Rohre, damit Sie beim Einsetzen der Rohrenden in die Stützpfosten keinen allzu großen Druck auf die Rohrbogen ausüben müssen. Sind alle Rohrenden in die Pfosten eingesetzt, dann wird die Kuppel von Schraube und Mutter fest und stabil zusammengehalten.

8

9

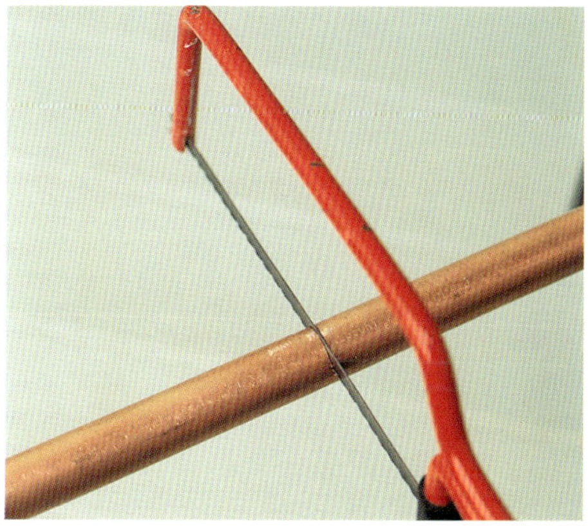

10

Punkte, an denen die Rohrenden auf der Erde aufsitzen. Schrauben Sie danach die Bogen wieder auseinander, denn die Kuppel läßt sich nur schwer im Ganzen in die Stützpfähle einsetzen oder kann dabei an den abgeflachten Stellen brechen.

Schlagen Sie die Pfähle mit einem Holzhammer jeweils an der Innenseite der markierten Stellen in den Boden. Für diese Arbeit brauchen Sie wieder einen Helfer. Einer von Ihnen muß auf der Leiter stehen und die Stützpfähle einschlagen, während der andere dafür sorgt, daß die Stützen senkrecht stehen. Ist das getan, dann setzen Sie die Rohrenden in die Pfähle ein und verschrauben sie wieder miteinander.

Messen Sie die Abstände zwischen den Stützpfählen aus, geben Sie jeweils 2 cm zu und sägen Sie entsprechend lange Kupferrohrstücke für die horizontalen Verstrebungen zurecht.

Arbeitsgang 11

Bohren Sie 5 cm unter dem oberen Ende jedes Stützpfahles je zwei nach der Innenseite des zukünftigen Pavillons zeigende Löcher von 15 mm Durchmesser, wie es in der Abbildung gezeigt ist. Sie sollen die horizontalen Verstrebungen aus Kupferrohr aufnehmen, die Sie soeben zurechtgesägt haben.

Arbeitsgang 12

Die Abbildung zeigt, wie Rohrstücke und Stützpfähle zum Schluß angeordnet sein müssen. Jetzt sind nur noch ein paar Kletterpflanzen in den Boden zu bringen.

11

12

Bunte Laternen

Wie Sie hier sehen, läßt sich aus etwas scheinbar Wertlosem mitunter doch noch etwas Hübsches machen. Mit diesen durchlöcherten Konservendosen und den bemalten Gläsern können Sie auf sparsame Weise eine ungewöhnliche Beleuchtung für Ihren Garten schaffen. Das lohnt sich vor allem dann, wenn Sie viele Laternen brauchen.

Nehmen Sie beliebige Konservendosen und entfernen Sie den Deckel. Verwenden Sie dazu einen Büchsenöffner, der den verstärkten Rand der Dosen stehenläßt. Dieser Rand gibt der Büchse etwas Stabilität und einen glatten Abschluß. Achten Sie darauf, daß die Dosen innen sauber sind. Sie werden mit einem Bohrer entweder in einem zufälligen oder nach einem vorher festgelegten und auf Papier aufgezeichneten Muster durchlöchert. Spannen Sie die Konservendosen ein, ehe Sie mit dem Bohren beginnen; der Bohrer könnte auf der glatten Metallfläche wegrutschen, wenn Sie ihn nicht fest genug andrücken. Die Dosen sind mit Glasmalfarbe angestrichen. In kurzen Abständen nebeneinander aufgereiht, strahlen sie ein mexikanisches Flair aus.

Auch kleine Konservengläser lassen sich in wirkungsvolle Gartenleuchten umwandeln. Mit Glasmalfarben aus einem Geschäft für Künstlerbedarf angestrichen und verziert, glühen sie abends in Rosa, warmem Gelb und all den anderen Farben, die Sie zum Bemalen ausgewählt haben. Tragen Sie mit einem Konturenzeichner ein Muster auf und malen Sie es mit Farbe aus, oder zeichnen Sie einfach abstrakte Formen auf das bemalte Glas. Richten Sie sich beim Verzieren der Gefäße nach den Konturen der Gläser oder Blechdosen; das erleichtert die Arbeit.

Zum Beleuchten verwenden Sie Teelichte, die Sie am besten in ihren Aluminiumeinsätzen lassen, damit das Wachs nicht auseinanderfließt.

Die bunten Blechdosen und Gläser können bei Gartenfesten zur Beleuchtung des Weges aufgereiht oder als romantische Lichter in die Bäume gehängt werden. Ganz gleich, bei welcher Gelegenheit man sie einsetzt – sie verbreiten stets eine magische Atmosphäre.

Ihr Zeitplan

ERSTER TAG
VM: Blechdosen vorbereiten; Muster auf Pauspapier zeichnen
NM: Blechdosen mit Löchern versehen, bemalen, mit Drahtaufhängern bestücken und im Garten aufhängen

ZWEITER TAG
VM: Gläser vorbereiten und bemalen
NM: Gläser im Garten plazieren

Werkzeug und Material

- Verschiedene Konservendosen
- Konservengläser
- Bohrer
- Einspannvorrichtung
- Pauspapier
- Kreppband
- Glasmalfarben
- Konturenzeichner
- Draht
- Teelichte
- Büchsenöffner
- Vergällter Alkohol

1

2

3

Laternen aus Blechdosen

Arbeitsgang 1
Entfernen Sie die Etiketten von den Blechdosen und schneiden Sie die Deckel mit einem Büchsenöffner ab.

Arbeitsgang 2
Umwickeln Sie eine Dose mit Pauspapier und schneiden Sie den überstehenden Streifen ab.

Arbeitsgang 3
Übertragen Sie Ihr Muster auf das Pauspapier. Halten Sie es sehr einfach, damit nachher das Bohren nicht zu schwierig wird. Markieren Sie die Umrisse des Musters in Abständen mit Punkten.

Arbeitsgang 4
Kleben Sie das Pauspapier rund um die Blechdose mit Kreppband fest. Befestigen Sie die Dose in einer Einspannvorrichtung, damit sie beim Bohren nicht wegrutschen kann. Nehmen Sie einen Bohrer mit kleinem Durchmesser und versehen Sie die Dose an den eingezeichneten Punkten mit Löchern.

Arbeitsgang 5
Streichen Sie die Büchse mit Glasmalfarbe an. Das Blumenmuster wurde hier verschiedenfarbig ausgemalt.

Arbeitsgang 6
Stecken Sie durch zwei einander gegenüberliegende Löcher unter dem Dosenrand die Enden eines Stückes Bindedraht. Stellen Sie ein Teelicht auf den Boden der Dose und zünden Sie es an.

4

5

6

1

2

3

4

Laternen aus Gläsern

Arbeitsgang 1
Säubern Sie die Gläser zunächst gründlich und weichen Sie in einer Schüssel mit heißem Seifenwasser alle Etiketten ab.

Arbeitsgang 2
Entfernen Sie hartnäckig anhaftende Klebstoffreste mit vergälltem Alkohol. Die Gläser müssen völlig trocken sein, ehe Sie mit dem Bemalen beginnen. Tragen Sie dann mit Glasmalfarbe einen Untergrund auf. Überstreichen Sie ihn nach dem Trocknen noch mehrmals. Glasmalfarbe ist durchscheinend; je mehr Schichten Sie auf das Glas auftragen, desto satter wird die Farbe zum Schluß sein.

Arbeitsgang 3
Ist der mehrschichtige farbige Untergrund getrocknet, dann tragen Sie mit einem Konturenzeichner rund um das Glas freihändig Ihr Muster auf.

Arbeitsgang 4
Umwickeln Sie den Hals des Glases mit Draht, rödeln Sie den Draht zum Befestigen, machen Sie aus dem langen Drahtende über dem Glas eine Schlinge und befestigen Sie diese wie in der Abbildung dargestellt. Wickeln Sie das Drahtende um die Schlinge herum. Setzen Sie ein Teelicht in das Glas und zünden Sie es mit einer langen Kerze an. Hängen Sie die fertige Glaslaterne an einem sicheren Platz im Garten auf.

Etagère

Begeisterte Hobbygärtner werden es zu schätzen wissen, wenn sie endlich einen Platz haben, an dem sie ihre Blumentöpfe und Werkzeuge zusammen unterbringen können. Die Maße dieser Etagère lassen sich auch dem kleinsten Garten anpassen.

Diese Etagère ist ein Mittelding aus einer Stellage für Topfpflanzen und einem Arbeitsplatz. Sie ist aus sägerauhem Holz zusammengebaut und für die Verwendung im Garten gedacht, könnte jedoch ebensogut in einem Wintergarten oder in einer Diele stehen, falls das der einzig verfügbare Platz ist, den Sie haben.

Die Ausführung in zwei Etagen bietet Ihnen genug Stellfläche für hohe Töpfe; zwischen den Latten können Pflanzenstützstäbe, Grabegabel und Spaten abgestellt werden. In den obersten, abschließenden Quersteg wurden kurze Flachkopfnägel aus Kupfer geschlagen, an denen ein Bündel Bast, ein Pflanzenheber und eine Rolle Draht hängen. Unter der Etagère ist Platz für Saatschalen und leere Blumentöpfe.

Ich habe die Etagère 1,5 m hoch und 1,5 m breit gebaut, doch Sie können natürlich auch andere Maße wählen, um sie für den vorgesehenen Platz genau passend zu machen. Mit diesem Aufbau können Sie einem ansonsten flachen Garten etwas Höhe geben. Wenn Sie die Topfblumen je nach Saison austauschen, dann können Sie sich stets an blühenden Blumen erfreuen. Werden mehrere von Blüten überquellende Topfpflanzen auf der Etagère zusammengestellt, dann wirkt das Ganze besonders beeindruckend.

Damit die Etagère nicht langweilig aussieht, habe ich zum Anstreichen eine blaue Holzbeize gewählt. Die auf Wasserbasis hergestellte Farbe schadet den Pflanzen nicht. Sie können hier ohne weiteres auch Reste von Acrylfarbe verarbeiten. Es hindert Sie auch nichts daran, die Etagère jedes Jahr mit einem neuen, andersfarbigen Anstrich zu versehen.

Ihr Zeitplan

ERSTER TAG

VM: Material einkaufen; Holz auf Maß sägen

NM: Drei Hauptrahmen zusammenbauen; Holzlatten aufschrauben

ZWEITER TAG

VM: Hintere Querleisten und Querverstrebungen anschrauben

NM: Etagère streichen

Werkzeug und Material

Sägerauhe Holzleisten, 50 mm x 25 mm

Sägerauhe Holzleisten, 70 mm x 25 mm

Schrauben

Senker

Nägel

Anschlagwinkel

Kurze Flachkopfnägel aus Kupfer

Stichsäge

Wasserfester Holzleim

Holzbeize

1
2
3

Erster Tag

Arbeitsgang 1
Sägen Sie für die Hinterbeine der Etagère drei Holzleisten (50 mm x 25 mm) auf 150 cm Länge. Unterteilen Sie sie in dreimal 50 cm. Dieses Maß bestimmt den Abstand zwischen den beiden Etagen des Gestells. Benutzen Sie zum Anreißen der Abstände einen Anschlagwinkel, damit die Linien nicht schräg werden. Legen Sie die Leisten beiseite.

Sägen Sie drei weitere Holzleisten (50 mm x 25 mm) auf 55 cm Länge; sie dienen als Auflage für die Leisten der unteren Etage. Messen Sie an jeweils einem Ende der Leisten 20 cm ab.

Arbeitsgang 2
Sägen Sie drei weitere Holzleisten (50 mm x 25 mm) auf 55 cm Länge, markieren Sie am Ende jeder Leiste die Positionen für zwei versetzt liegende Löcher und bohren Sie an diesen Markierungen Schraublöcher. Diese Leisten dienen als Beine für die vordere Mitte der Etagère.

Arbeitsgang 3
Tragen Sie etwas wasserfesten Holzleim rund um die Löcher auf, um den Leisten einen zusätzlichen Zusammenhalt zu geben.

Arbeitsgang 4
Schrauben Sie die Leisten für die mittleren Beine am Auflageholz für die untere Etage fest. Legen Sie die Leisten dabei an der nach innen zeigenden Seite der 20-cm-Linie an.

Arbeitsgang 5
Prüfen Sie mit Hilfe des Anschlagwinkels, ob die mittleren Beine gerade sitzen. Drehen Sie dann an jedem Bein die zweite Schraube ein. Sie haben nun ein T-Stück vor sich liegen.

1

2

3

4

5

6

7

8

9

Arbeitsgang 6
Wenden Sie das T-Stück und schrauben Sie es an die Innenseite eines der Hinterbeine. Legen Sie dabei die waagerechte Leiste des T-Stückes an der Innenseite der ersten 50-cm-Linie an.

Arbeitsgang 7
Sägen Sie drei Holzleisten (50 mm x 25 mm) auf 35 cm Länge. Schrauben Sie eine davon an der Innenseite des T-Stückes und innerhalb der zweiten 50-cm-Linie fest, die Sie auf dem hinteren Bein der Etagère angerissen haben.

Arbeitsgang 8
Prüfen Sie, ob alle Leisten im rechten Winkel miteinander verschraubt sind, damit die fertige Etagère später auch gerade steht.

Arbeitsgang 9
Fertigen Sie auf die gleiche Weise zwei weitere Rahmen an, so daß Sie am Ende drei davon haben – zwei Seitenteile und ein Mittelteil. Die Auflagehölzer für die Leisten der beiden Etagen müssen alle an den Innenseiten der Rahmen angebracht sein.

10

11

12

Arbeitsgang 10

Sägen Sie für die Böden der Etagère sieben Holzleisten (70 mm x 25 mm) auf 150 cm und eine Leiste auf 75 cm Länge. Ziehen Sie auf halber Länge der sieben langen Leisten eine Linie und versehen Sie die Leisten links von der Mittellinie und an beiden Enden mit einer Bohrung. Der obere Etagèrenboden soll aus drei langen, der untere aus einer kurzen und vier langen Leisten bestehen.

Arbeitsgang 11

Zeichnen Sie auf dem Auflageholz des unteren Etagèrenbodens in gleichen Abständen die Position der Leisten vor.

Arbeitsgang 12

Verschrauben Sie die Holzleisten mit den Auflagehölzern des oberen und des unteren Etagèrenbodens.

Arbeitsgang 13

Die Abbildung 13 zeigt, wie der untere Etagèrenboden aussehen soll. In die Lücke auf der rechten Seite können Pflanzenstützstäbe, Besen und andere lange Gegenstände gestellt werden.

13

14

15

16

Zweiter Tag

Arbeitsgang 14

Sägen Sie für die Querhölzer an der Rückseite der Etagère drei Leisten auf Länge. Versehen Sie sie dort, wo sie später am Hauptrahmen festgeschraubt werden, mit Schraublöchern. Streichen Sie die Querhölzer.

Arbeitsgang 15

Schlagen Sie in das obere Querholz Kupfernägel, an die später Bast, kleine Drahtrollen und Gartenwerkzeuge gehängt werden.

Arbeitsgang 16

Schrauben Sie die Querhölzer von vorn auf den Hauptrahmen. Die V-förmige Verstrebung der Etagèrenrückseite verläuft von der linken oberen Ecke des Hauptrahmens bis zur Mitte des unteren Etagèrenbodens und von da zur rechten oberen Ecke des Rahmens. Markieren Sie dafür – wie in der Abbildung gezeigt – zunächst eine Holzleiste (70 mm x 25 mm), die von links oben schräg nach unten verläuft. Schneiden Sie die Leiste mit einer Stichsäge passend zu und schrauben Sie sie von hinten am Rahmen fest. Wiederholen Sie diesen Arbeitsgang für die andere Hälfte der Verstrebung. Streichen Sie zum Schluß die ganze Etagère, um das Holz vor Witterungseinflüssen zu schützen.

Nistkasten

Diese Nistkästen sind nicht nur ein buntes Beiwerk, sondern funktionstüchtige Modelle. Sie werden Vögel zum Brüten in Ihren Garten locken, wenn sich die Tiere erst einmal an die Häuschen gewöhnt haben.

Ihr Zeitplan

ERSTER TAG
VM: Abmessungen berechnen und Material einkaufen

NM: Holz zurechtsägen; Seitenteile montieren

ZWEITER TAG
VM: Vorderseite mit Löchern versehen; Dach aufsetzen

NM: Streichen

Werkzeug und Material

Stichsäge mit Winkelplatte

Nadelholz, 150 mm x 20 mm

1 kurzes Stück Rundstab, 10 mm Durchmesser

Zentrumbohrer, 25 mm

Zentrumbohrer, 10 mm

Bohrmaschine

2 Schrauben (aus Messing oder galvanisiert)

Farbe

Wasserfester Holzleim

Bleistift

Diese Häuschen sollen kleine Vögel anlocken und gleichzeitig den Garten schmücken. Höhlungen, wie es sie in großen Bäumen gibt, sind in einem kleinen Garten meistens rar. Deshalb wird ein Nistkasten wie dieser hier sicher Vögel anziehen, die einen Brutplatz suchen. Blaumeisen freunden sich mit einem neu angebrachten Vogelhaus für gewöhnlich recht bald an. Achten Sie also darauf, daß das Flugloch nicht größer als 29 mm wird, damit das Häuschen nicht von größeren Vögel wie etwa Staren besiedelt wird.

Die Verbindungsstelle an der oberen Dachkante ist mit wasserfestem Holzleim versiegelt; der Boden des Hauses wurde mit Drainagelöchern versehen. Die Vorderseite läßt sich abnehmen, so daß Sie das Häuschen innen reinigen können, sobald die Jungvögel ausgeflogen sind. Verwenden Sie zum Anschrauben der Vorderfront Messingschrauben oder galvanisierte Schrauben, die keinen Rost ansetzen.

Die beiden Nistkästen, die Sie hier sehen, wurden mit Resten von Acrylfarbe gestrichen, damit sie ein dekoratives Aussehen bekommen. Sie können nach Belieben auch farbige Holzbeize verwenden, die die Struktur des Holzes durchscheinen läßt, oder die Nistkästen lassen wie sie sind und nur mit einer farblosen Lackschicht versehen, die das Holz vor Witterungseinflüssen schützt.

Ich bin sicher, daß Sie viel Spaß daran haben werden, die Vögel im Garten oder auf dem Balkon zu beobachten, und Sie werden staunen, wieviel Zeit Sie auf solch amüsante Weise verbringen können.

1

Erster Tag

Arbeitsgang 1

Sägen Sie für die Vorderseite ein Brett (150 mm x 20 mm) auf 250 mm Länge. Ziehen Sie von der Mitte des einen Endes im Winkel zwei Linien zu den Seiten hin, so daß ein Giebel entsteht, wie es in der Abbildung dargestellt ist. Schneiden Sie die Giebelwand für den Nistkasten mit der Stichsäge aus. Legen Sie diese Wand als Schablone auf ein Brett und umfahren Sie sie mit dem Bleistift, so daß Sie zum Schluß zwei deckungsgleiche Giebelwände haben.

Arbeitsgang 2

Die Seitenwände müssen schmaler als die Vorder- und Rückwand zugeschnitten werden, damit das Dach beim Zusammenbau auch alles überdeckt. Ziehen Sie also von der Breite des Nadelholzbrettes die Materialstärke der Vorder- und Rückwand ab (40 mm). Schneiden Sie die Seitenteile mit der Stichsäge aus.

Arbeitsgang 3

Damit die Seitenteile nicht zu hoch oder zu niedrig werden, legen Sie das Brett, das Sie soeben auf Breite geschnitten haben, neben die Vorderseite des Nistkastens, so daß die Unterkanten beider Teile eine Linie bilden. Markieren Sie auf dem Brett die Stelle, an der die Dachschräge der Giebelwand endet. Sägen Sie in dieser Länge zwei Seitenteile zurecht.

2

3

Arbeitsgang 4

Der Boden des Nistkastens wird zwischen die Wände gesetzt. Messen Sie seine Kantenlängen also an den Innenkanten der Wände ab und schneiden Sie ein Stück Holz entsprechend zu. Sie müssen nun eine vordere und eine hintere Giebelseite von derselben Größe, zwei Seitenteile und ein Bodenteil haben.

Arbeitsgang 5

Verleimen Sie zunächst die Rückseite des Nistkastens mit den Seitenteilen. Setzen Sie dabei den Boden an, damit die Teile auch rechtwinklig zueinander stehen. Verschrauben Sie sie dann so, wie es in der Abbildung dargestellt ist.

Arbeitsgang 6

Kleben Sie nun den Boden zwischen die drei Teile und nageln Sie die Seitenteile am Boden fest.

Arbeitsgang 7

Das Dach wird aus demselben Nadelholzbrett hergestellt wie die beiden Giebelwände; es hat daher dieselbe Breite. Stellen Sie das Blatt der Stichsäge auf den gleichen Winkel, den der Giebel hat, damit die beiden Dachteile am Scheitelpunkt auch genau zusammenpassen. Halten Sie dazu das Sägeblatt an die Scheitellinie und richten Sie die Winkelplatte an der Neigung des Giebels aus. Bei diesem Arbeitsgang werden vielleicht jemanden brauchen, der Ihnen zur Hand geht.

Arbeitsgang 8

Sägen Sie zwei Dachteile zurecht, die beide etwas länger als eine Giebelschräge sind, so daß Sie die obere Dachkante herausarbeiten können und der Regen dort später einfach abfließen kann.

Mit der Stichsäge arbeiten

Die meisten Stichsägenmodelle haben eine bewegliche Basisplatte. Damit können Sie auch schräge Schnitte ausführen, indem Sie die Platte lockerschrauben und auf den Winkel ausrichten, in dem gesägt werden soll.

4

5

6

7

8

9

10

11

Zweiter Tag

Arbeitsgang 9 und 10

Versehen Sie die vordere Giebelseite oberhalb der Mitte mit einem Flugloch. Verwenden Sie dazu einen 25 mm breiten Zentrumbohrer. Bohren Sie unterhalb des Flugloches mit einem 10 mm breiten Zentrumbohrer ein Loch für die Sitzstange.

Sägen Sie von einem Rundstab (10 mm Durchmesser) ein 60 mm langes Stück ab und kleben Sie es in das dafür vorgesehene Loch ein. Bohren Sie in die hintere Giebelseite unterhalb der Spitze ein Loch, das später zum Aufhängen des Nistkastens an einem starken Nagel dient.

Arbeitsgang 11

Versehen Sie die Vorderseite mit Schraublöchern und befestigen Sie sie an den Seitenteilen.

Arbeitsgang 12

Setzen Sie nun das Dach zusammen. Verkleben Sie dazu die beiden Teile an den schräg geschnittenen Kanten.

12

13

15

16

14

Arbeitsgang 13
Setzen Sie das Dach auf den Nistkasten und nageln Sie es an der Rückseite des Kastens fest.

Arbeitsgang 14
Nageln Sie die beiden zusammengeklebten Kanten des Daches zusätzlich mit Drahtstiften zusammen und überstreichen Sie die obere Dachkante zum Versiegeln der Verbindungsstelle mit wasserfestem Holzleim.

Arbeitsgang 15
Versehen Sie den Boden des Nistkastens mit Drainagelöchern, damit eventuell eindringendes Regenwasser abfließen und die Luft zirkulieren kann.

Arbeitsgang 16
Streichen Sie den Nistkasten zweimal, hängen Sie ihn im Garten auf und freuen Sie sich an den Vögeln, die zum Nisten hierherkommen.

Blumenampel

Die Blumenampeln, die es im Handel zu kaufen gibt, kosten zwar kein Vermögen, doch wenn Sie ein solches Pflanzgefäß selbst herstellen, dann können Sie es nach Ihrem eigenen, einzigartigen Entwurf und aus Material gestalten, das Sie vielleicht schon zu Hause liegen haben.

Die meisten Blumenampeln sind aus Draht gemacht, und nicht anders ist es bei diesem Modell hier - nur mit dem Unterschied, daß diese Ampel ganz nach Ihrem Geschmack gearbeitet ist. Sie ist nicht nur mit blühenden Rankpflanzen bestückt, sondern zeigt als zusätzlichen Schmuck verschiedene Dinge, die man an einem Strand finden kann: Muschelschalen, Steine und Treibholz.

Mit ihrer Grundform ähnelt die Blumenampel eher einem Papierkorb; ist sie jedoch erst einmal bepflanzt ist, dann sieht sie sehr schön aus. Ich habe in meine Ampel, die auf der Seite gegenüber zu sehen ist, Duftsteinrich *(Alyssum maritimum)*, Portulak *(Portulaca)* und Kapkörbchen *(Osteospermum ecklonis)* eingesetzt. Sie können aber genausogut Ihre Lieblingspflanzen nehmen. Zum Aufhängen der Ampel an Wandhaken oder Balken und zum Befestigen der Ketten eignen sich sehr gut einfache S-Haken, die es in Eisenwarenläden gibt.

Damit die Pflanzerde nicht austrocknet, wird zwischen der äußeren Moosschicht und der Erde eine etwas stärkere Plastiktüte eingelegt. Moos bekommen Sie in den meisten Gartenmärkten zu kaufen. Als Pflanzsubstrat verwenden Sie am besten fertige Blumenerde. Mischen Sie darunter etwas Langzeitdünger und ein paar wasserspeichernde Pellets.

Steine und Muschelschalen, die vom Boden der Blumenampel herabhängen, sind mit Draht befestigt. Als schmückendes Beiwerk eignen sich auch Glasperlen oder andere glänzende Gegenstände, die das Licht einfangen.

Ihr Zeitplan

ERSTER TAG
VM: Alle Bestandteile und Zutaten zusammentragen; Kükendraht zuschneiden; Drahtringe und Boden anbringen

NM: Steine, Muschelschalen, Treibholz usw. andrahten

ZWEITER TAG
VM: Blumenampel bepflanzen

NM: Ampel aufhängen

Werkzeug und Material

Galvanisierter Draht, 2 mm stark

Galvanisierter Draht zum Befestigen, 1 mm stark

Kükendraht

4 S-Haken

3 Ketten

Moos

Plastiktüte zum Auskleiden

Blumenerde

Seitenschneider

Rundzange

1

Erster Tag

Arbeitsgang 1

Legen Sie 2 mm starke galvanisierte Drahtstücke zu einem großen, einem mittleren und einem kleinen Ring zusammen und umwickeln Sie die Enden mit einigen Windungen aus 1 mm starkem Draht.

Arbeitsgang 2

Schneiden Sie ein Stück Kükendraht zurecht, dessen Länge dem Umfang des größten Drahtringes, und dessen Breite der vorgesehenen Höhe der Blumenampel entspricht.

Arbeitsgang 3

Biegen Sie die Oberkante des Kükendrahtes über den größten Drahtring und befestigen Sie ihn mit 1 mm starkem Draht an dem Ring.

Drahtringe herstellen

Nehmen Sie zum Herstellen der Ringe genügend lange Drahtstücke, die Sie in mehreren Runden übereinanderlegen, so daß die Ringe stabiler werden.

2

3

Arbeitsgang 4
Legen Sie den zweiten Drahtring um die Mitte der Blumenampel und befestigen Sie ihn mit 1 mm starkem Draht. Der Kükendraht nimmt nun von selbst die Gestalt eines Kegelstumpfes an. Formen Sie den Boden so, daß sein Umfang etwa dem des kleinsten Drahtringes entspricht.

Arbeitsgang 5
Schneiden Sie einen Kreis aus Kükendraht zurecht, der etwas größer als der Boden ist. Biegen Sie die Kanten über den kleinsten Drahtring.

Arbeitsgang 6
Befestigen Sie den Kreis am Boden der Blumenampel, indem Sie rundherum 1 mm starken Draht durch die Maschen des Kükendrahtes fädeln und die Enden zusammendrehen.

Arbeitsgang 7
Befestigen Sie an der Außenseite der Blumenampel Steine und Treibholzstücke mit 1 mm starkem Draht, den Sie mit Hilfe einer Rundzange biegen. Bringen Sie auf diese Weise auch rund um den Ampelboden interessante Fundstücke oder ähnliches an, die dann mehr oder weniger lang herabhängen, wenn die Ampel an ihrem Platz angebracht ist.

Zweiter Tag

Arbeitsgang 8
Kleiden Sie die Blumenampel mit einer Schicht Moos aus. Schneiden Sie eine starke Plastiktüte so zurecht, daß sie zwischen die Moosschicht und die Pflanzerde paßt, und füllen Sie sie mit Erde auf. Schneiden Sie in die Seitenwand der Ampel und in die Tüte Löcher, damit die Pflanzen eingesetzt werden können. Gehen Sie dabei vorsichtig zu Werke, damit Sie sich nicht an den Schnittkanten des Drahtes kratzen. Bringen Sie am oberen Rand drei S-Haken an und hängen Sie jeweils ein Kettenende daran. Befestigen Sie die anderen Enden zusammen an einem S-Haken, der dann an einen Balken gehängt wird.

4

5

6

7

8

Sonnenliege

Auch wenn man es ihnen nicht ansieht, sind Paletten von Baumärkten oder Baustellen, für die niemand mehr Verwendung hat, ideal zum Erholen im Garten. Legen Sie eine einfache, bequeme Schaumstoffmatratze auf, und schon haben Sie eine Liege, auf der Sie im Schatten eines Baumes ein paar gemütliche Stunden verbringen.

Der Vorteil dieser Idee besteht darin, daß hier etwas verwendet wird, was in der Regel einfach weggeworfen wird. Die meisten Baustoffhändler bekommen ihre Waren auf Einwegpaletten geliefert, die sie dann meist nicht mehr brauchen, so daß Sie sich vielleicht gegen ein gewisses Entgelt mit dem Händler einigen können und er Ihnen zwei Paletten überläßt. Achten Sie darauf, daß Sie zwei gleichgroße aussuchen, denn die Paletten gibt es in unterschiedlichen Abmessungen.

Zwei auf die richtige Größe zugeschnittene Schaumstoffmatratzen, die Sie unter anderem bei einem Lieferanten für Polstererbedarf bekommen, ergeben ausreichend weiche Polster. Sie sind wahrscheinlich die kostspieligsten Materialien bei diesem Projekt, da alle Schaumstofferzeugnisse heute mit einem feuerhemmenden Mittel behandelt und entsprechend teuer sind. Die Schlummerrolle, die Ihnen als Kopfstütze dient, ist ebenfalls im Handel gekauft; den gleichen Zweck erfüllt jedoch auch ein altes zusammengerolltes Badetuch oder ein Kissen.

Für die Arbeit an den Polsterstücken brauchen Sie nicht einmal eine Nähmaschine. Die textilen Überzüge werden mit Hilfe von Ösen und Bändern zusammengehalten, und die Schnittkanten des Stoffes sind mit Hilfe von doppelseitigem Textilklebevlies gesäumt.

Die Paletten können auch einzeln aufgestellt und beispielsweise als Sitzgelegenheiten für einen sommerlichen Grillabend mit vielen Gästen dienen.

Ihr Zeitplan

ERSTER TAG

VM: Zwei Paletten von einheitlicher Größe beschaffen. Restliches Material einkaufen

NM: Zwei Liegepolster herstellen

ZWEITER TAG

VM: Polsterüberzüge herstellen

NM: Liege im Garten aufstellen und sogleich zum Entspannen einweihen

Werkzeug und Material

2 Holzpaletten von einheitlicher Größe

2 passend zugeschnittene Schaumstoffmatratzen, 5 cm stark

1 Schlummerrolle, fertig gekauft

Stoff zum Überziehen der Schaumstoffpolster und der Schlummerrolle

Doppelseitiges Textilklebevlies

Kleine Ösen und Ösenzange

Schnur

1

Erster Tag

Arbeitsgang 1

Die Paletten müssen zunächst etwas gesäubert werden, da sie wahrscheinlich eine Zeitlang im Freien gelegen haben. Schleifen Sie die Kanten mit Sandpapier ab, um alle Splitter zu entfernen, an denen sich später Kleidungsstücke festhaken könnten.

Arbeitsgang 2

Lassen Sie zwei Schaumstoffstücke so zurechtschneiden, daß sie etwas kleiner als die Auflageflächen der beiden Paletten sind; es genügt, wenn Sie von jeder Seite etwa 2 cm abziehen.

Arbeitsgang 3

Um die Überzüge für die Schaumstoffpolster herzustellen, schlagen Sie den Stoff zunächst um die Seiten der Polster wie in der Abbildung gezeigt. Achten Sie beim Einkauf darauf, daß Sie genügend Stoff nehmen; er muß am oberen und am unteren Ende jeweils 20 cm, insgesamt also 40 cm länger sein als das Polsterteil.

2

3

4

6

Arbeitsgang 4

Säumen Sie die oberen und die unteren Schnittkanten mit doppelseitigem Textilklebevlies, den Sie nach der Anleitung des Herstellers aufbügeln. Legen Sie während des Aufbügelns Stück für Stück einen 2 cm breiten Saum um. Die seitlichen Stoffränder brauchen nicht umsäumt zu werden, da die Webkante das Ausfransen des Stoffes verhindert.

Arbeitsgang 5

Schlagen Sie die gesäumten oberen und unteren Enden der Überzüge auf die Unterseite des Polsters.

Arbeitsgang 6

Messen Sie an den Seitenkanten des Stoffes die Abstände für die Ösen ab – es sollten jeweils etwa 20 cm sein – und markieren Sie die Punkte mit Stecknadeln.

5

Säumen ohne Naht

Wenn Sie keine Nähmaschine haben, dann lassen sich Nähte und Säume mit Hilfe von doppelseitigem Textilklebevlies ausführen. Sie brauchen dazu nur noch ein heißes Bügeleisen und ein sauberes Tuch, das Sie beim Bügeln zum Schutz auf den Stoff legen.

7

8

Arbeitsgang 7

Setzen Sie an den markierten Punkten mit Hilfe einer Ösenzange die Ösen ein.

Arbeitsgang 8

Verbinden Sie die Seitenkanten mit Bindfaden, den Sie durch die Ösen ziehen, so daß der Überzug nicht verrutschen kann.

Zweiter Tag

Arbeitsgang 9

Messen Sie die Stofflänge für den Bezug der Schlummerrolle ab. Umhüllen Sie die Rolle dazu mit dem Stoff und geben Sie noch 1,5 cm zu, damit der Überzug später nicht zu eng sitzt. Lassen Sie die Stoffbreite unverändert.

9

Ösen verwenden

Mit Ösen kann man Stoffe schnell und zweckmäßig verzieren. Hier wurden sie verwendet, um Stoffüberzüge auf Schaumstoffpolstern zu befestigen. So lassen sich die Überzüge zum Waschen leicht abnehmen, und Sie sparen auf diese Weise Stoff.

10

11

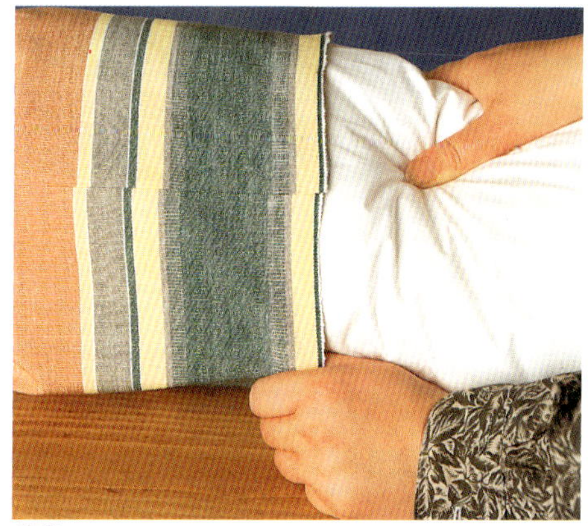

12

13

Arbeitsgang 10
Legen Sie die beiden Schnittkanten des Stoffes für den Schlummerrollenüberzug rechts auf rechts zusammen und verbinden Sie sie miteinander, indem Sie nach Anleitung des Herstellers einen zwischengelegten Streifen doppelseitiges Textilklebevlies aufbügeln.

Arbeitsgang 11
Legen Sie die „Naht" um und bügeln Sie kurz darüber, so daß sie flach liegt, wenn der Bezug auf die rechte Seite gedreht wird.

Arbeitsgang 12
Wenden Sie den Bezug und ziehen Sie ihn soweit über die Schlummerrolle, daß diese in der Mitte des Bezuges steckt.

Arbeitsgang 13
Legen Sie die Schlummerrolle so auf die Sonnenliege, daß die unausgefüllten Stoffseiten zu beiden Seiten der Liege über den Rand hängen. Damit Sie beim Lesen bequemer liegen, brauchen Sie vielleicht noch ein Kissen.

Trittplatten

Eine Gehwegplatte herzustellen, ist viel einfacher, als Sie vielleicht denken. Die hier abgebildeten Trittplatten sind funktional und dekorativ zugleich und stellen eine der stets willkommenen Möglichkeiten dar, den Garten zu schmücken.

Diese Trittplatten können Sie so gestalten, daß sie in einen bereits existierenden Plattenbelag oder in eine gepflasterte Fläche eingefügt werden können. Auch als Trittsteine im Rasen oder auf einer mit Kies bestreuten Fläche, auf der da und dort niedrige Pflanzen wurzeln, sehen die Platten gut aus.

Verzieren Sie die Steine mit abstrakt gebogenen Drahtstücken, so wie ich es gemacht habe, oder setzen Sie ein Mosaik aus Porzellanscherben ein. Versuchen Sie einmal, Blätter oder dekorative Kacheln in die noch weiche Masse einzudrücken und Ihren Trittplatten damit das gewisse Etwas zu geben.

Die Platten müssen an einem Tag fertig werden, damit sie über Nacht trocknen können. Sie lassen sich in jeder beliebigen Abmessung herstellen. Ich habe eine Kantenlänge von 30 cm gewählt. Wenn die Steine dann trocken sind und transportiert werden müssen, sind sie doch recht schwer. Stellen Sie also lieber kleinere Platten her. Brauchen Sie mehr als eine Trittplatte, dann muß zunächst die benötigte Anzahl Formen gebaut werden. Nehmen Sie entsprechend größere Mengen Sand, Zuschlagstoff und Zement, doch halten Sie stets das angegebene Mischungsverhältnis ein. Verwenden Sie deshalb zum Abmessen stets das gleiche Gefäß. Ich habe dazu eine abgeschnittene Getränkeflasche aus Plastik benutzt.

Nehmen Sie weißen Zement, damit beim Einfärben der gewünschte Ton möglichst rein erscheint. Er ist zwar teurer als grauer Zement, aber nicht unerschwinglich. Soll dennoch herkömmliches graues Material verarbeitet werden, dann müssen Sie damit rechnen, daß die Farbe Ihrer Trittplatten anders als erwartet, nämlich etwas trüber ausfällt. Betonfarben gibt es je nach Hersteller in etwa sechs Tönen. Sie werden zwar nicht als Material für Hobbyhandwerker gehandelt, doch es dürfte nicht schwierig sein, sie in Baustoffhandlungen oder Baumärkten zu kaufen.

Ihr Zeitplan

ERSTER TAG
VM: Material einkaufen; Rahmen herstellen

NM: Beton anmischen und Platten dekorieren

ZWEITER TAG
VM: Trittplatten aus dem Rahmen nehmen

NM: Platten im Garten auslegen

Werkzeug und Material

- 1 Tüte weißer Zement
- Kies, Korngröße 10 mm
- Bausand
- Betonfarbe
- Nadelholzleisten, etwa 50 mm x 30 mm
- Bohrmaschine
- Schrauben
- Maurerkelle
- Speiseöl
- Farbpinsel
- Bleifreies Lötmetall
- 1 Bahn Plastikfolie

1

Erster Tag

Arbeitsgang 1
Bauen Sie den Rahmen für eine quadratische Platte von 30 cm Kantenlänge zusammen. Schneiden Sie dazu vier Leisten von 32 cm Länge zu. Legen Sie sie rechtwinklig aneinander und markieren Sie die Breite jeder Leiste auf dem angrenzenden Ende der nächsten Leiste.

Arbeitsgang 2
Versehen Sie jede Leiste zwischen Leistenende und Markierung mit einem Schraubloch.

Arbeitsgang 3
Befestigen Sie eine Leiste so in der Einspannvorrichtung, daß das nicht durchbohrte Ende nach oben zeigt, und schrauben Sie eine zweite Leiste im rechten Winkel obenauf.

Arbeitsgang 4 (s. S. 47)
Setzen Sie die Leisten zu einem quadratischen Rahmen zusammen.

Wiederverwendbare Schalleisten

Die Leisten für die Trittplattenform lassen sich wieder verwenden, wenn sie an den Enden miteinander verschraubt und nicht verklebt oder zusammengenagelt werden. Außerdem lassen sich die Schraubverbindungen leichter lösen, wenn man die getrocknete Platte aus der Form nehmen will.

2

3

4

5

6

Arbeitsgang 5

Stellen Sie aus einer Getränkeflasche aus Plastik einen Meßbecher her. Schneiden Sie dazu den oberen Teil ab und verwenden Sie den verbleibenden unteren Teil zum Abmessen der benötigten Materialmengen.

Arbeitsgang 6

Versehen Sie Ihren Meßbecher in halber Höhe mit einer Markierung. Messen Sie dann folgende Zutaten für die Betonmischung ab: 1 Teil weißer Zement; 2,5 Teile Zuschlagstoff (Kiesel); 2 Teile Sand; 0,5 Teile Betonfarbe.

Arbeitsgang 7

Schütten Sie die Zutaten für die Betonmischung so auf, wie es in der Abbildung gezeigt ist. Mischen Sie mit der Maurerkelle zunächst den Sand und den Zuschlagstoff, drücken Sie eine Vertiefung in die Mitte des Gemisches, schütten Sie den Zement hinein und geben Sie darauf schließlich Betonfarbpulver Ihrer Wahl.

7

8

9

10

Arbeitsgang 8
Vermischen Sie den trockenen Zement und das Farbpulver miteinander. Drücken Sie in die Mitte eine kleine Grube und gießen Sie sehr langsam Wasser hinein. Die Vertiefung darf nicht zu voll werden, damit das Wasser nicht über den Rand quillt.

Arbeitsgang 9
Vermischen Sie nun alle Zutaten miteinander. Heben Sie dazu die Stoffe vom Rand her mit der Maurerkelle unter das in der Mitte liegende Material. Geben Sie Wasser zu, bis die Mischung eine verarbeitbare Konsistenz hat. Lassen Sie das Wasser nicht weglaufen, sondern mischen Sie es so unter, daß es in der Betonmasse bleibt. Die Mischung ist fertig, wenn alle Kieselsteine mit der gefärbten Masse bedeckt sind.

Arbeitsgang 10
Setzen Sie nun den Schalrahmen auf ein Stück Plastikfolie. Bestreichen Sie die Innenseiten der Leisten und die vom Rahmen umschlossene Folie mit Speiseöl, um das Anhaften der Betonmischung an diesen Flächen zu verhindern.

Arbeitsgang 11 (s. S. 49)
Füllen Sie den Holzrahmen mit der Betonmischung. Achten Sie darauf, daß der Rahmen auch in den Ecken und an den Kanten gänzlich ausgefüllt ist.

Arbeitsgang 12

Glätten Sie die Oberfläche mit einer Holzleiste. Klopfen Sie mit der Leiste auf den Holzrahmen und bewegen Sie sie wie eine Säge über den gesamten Rahmen hin und her, damit die Kiesel nach unten sinken und der Beton nach oben steigt. Völlig glatt werden Sie die Oberfläche wahrscheinlich nicht bekommen; einige kleine Vertiefungen werden bleiben, die die Qualität der Platte jedoch nicht beeinträchtigen.

Arbeitsgang 13

Schneiden Sie das Lötmetall in Stücke. Bilden Sie aus diesen Stücken beliebige Formen; das Material läßt sich sehr gut biegen. Ich habe abstrakt wirkende Wirbel daraus gemacht, die sich einfach modellieren lassen und gefällig aussehen.

Arbeitsgang 14

Legen Sie die Metallformen auf die noch weiche Trittplatte. Drücken Sie sie gut an, so daß sie nicht über die Oberfläche der Platte herausragt. Sollte versehentlich etwas von der Mischung auf die Musterteile gelangen, wischen Sie es ab, ehe das Material trocknet. Lassen Sie die Platte über Nacht im Rahmen trocknen.

Zweiter Tag

Arbeitsgang 15

Ist der Stein trocken, dann heben Sie ihn von der Plastikfolie ab. Schrauben Sie den Rahmen an zwei Ecken auseinander. Er muß sich leicht von der fertigen Trittplatte lösen. Legen Sie die Platte im Garten an die dafür vorgesehene Stelle.

Trittplatten mit Mustern versehen

Bleifreies Lötmetall, wie es die Klempner zum Versiegeln von Rohrverbindungen verwenden, ist sehr geschmeidig und läßt sich mit einer Rundzange leicht zu verschiedenen Formen biegen.
Der Stein kann auch als Trägermaterial für ein Mosaik aus Porzellanscherben dienen. Zeichnen Sie den Entwurf dafür auf Papier, ehe Sie mit dem Einsetzen der Mosaikteile beginnen.

11

12

13

14

15

Tischdecke

Eine rot-weiß karierte Tischdecke verleiht einem Essen im Freien zusätzlich eine freundliche Note. Sie ist an den Ecken mit Steinen – Fundstücken von einem Spaziergang am Strand – beschwert, damit der Wind ihre Ränder nicht hochflattern läßt.

Die Anregung, eine solche Tischdecke herzustellen, stammt von den traditionellen Decken, wie man sie auf den Tischen in den Tavernen Italiens findet. Sie besteht aus mittelschwerem Baumwollstramin. Das Karomuster, das zunächst auf dem Stoff vorgezeichnet wurde, ist mit Stoffmalfarbe aufgetragen. Damit sie sich leichter verarbeiten läßt und weiter reicht, habe ich die Stoffmalfarbe verdünnt (sechs Teile Wasser und ein Teil Farbe). Dadurch entstehen an den Stellen, wo sich zwei Streifen kreuzen, außerdem interessante Farbschattierungen.

An dieser Tischdecke gibt es keine einzige Naht. Ihre Kanten sind mit doppelseitigem Textilklebevlies gesäumt; wenn Sie es noch einfacher möchten, dann fransen Sie die Schnittkanten aus. Die Ecken wurden mit großen Ösen versehen, in die Sie schwere Gegenstände einhängen können, die die Decke auch bei starkem Wind nicht flattern lassen.

Zum Beschweren der Ecken lassen sich sehr gut all die Fundstücke verwenden, die man häufig am Strand aufsammelt; darunter auch Hühnergötter, die die Tischdecke nach unten halten, wenn Sie an einem windigen Tag im Freien essen. Eine Kette aus Muscheln hat zwar eine rein dekorative Funktion, doch sie vermittelt sommerliche Stimmung. Sie können natürlich auch ein paar gewichtige Perlen kaufen und sie zum Beschweren und als Schmuck anhängen.

Um die Stellen hervorzuheben, an denen sich zwei Farbstreifen kreuzen, habe ich mit einem Stoffmalstift stilisierte Blattformen aufgezeichnet. Sollten Sie sich beim Freihandzeichnen unsicher fühlen, dann verwenden Sie eine Schablone, stempeln Sie ein Dekor auf oder applizieren Sie Stoffstücke mit Hilfe von doppelseitigem Textilklebevlies auf die Decke.

Die Tischdecke kann in jeder beliebigen Größe angefertigt werden. Wenn Sie das gute Stück im Auto liegen lassen, dann haben Sie es immer, wenn sich die Gelegenheit ergibt, für ein Picknick zur Hand.

Ihr Zeitplan

ERSTER TAG
VM: Material einkaufen; Stoff zuschneiden

NM: Karomuster vorzeichnen und mit Farbe auftragen

ZWEITER TAG
VM: Decke zum Stabilisieren der Farbe bügeln; Blattdekor einzeichnen

NM: Ösen anbringen; Steine einhängen

Werkzeug und Material

- Mittelschwerer Baumwollstramin (350 g)
- Stoffmalfarbe
- Farbpinsel
- Bügeleisen
- Schwarzer Filzstift
- Bleistift
- Maßband
- Doppelseitiger Textilklebevlies
- Ösen
- Locheisen
- Hammer
- Steine
- Schnur

1

Erster Tag

Arbeitsgang 1

Schneiden Sie den Stoff quadratisch zu. Ich habe mir diese Arbeit erleichtert, indem ich das Stoffstück diagonal zu einem Dreieck zusammengelegt und an der ausfransenden Kante entlanggeschnitten habe.

Arbeitsgang 2

Bringen Sie an Schnitt- und Webkanten alle 10 cm eine Markierung an. Legen Sie an die Markierungen der jeweils gegenüberliegenden Seiten eine genügend lange Holzleiste an und verbinden Sie die Punkte mit schwachem Bleistiftstrich. Die Linien dienen als Orientierung für das Auftragen der Farbe im Karomuster.

Arbeitsgang 3

Verdünnen Sie die Farbe; nehmen Sie dazu sechs Teile Wasser auf ein Teil Farbe. Tragen Sie mit einem breiten Pinsel Farbstreifen auf, deren Ränder nicht schnurgerade oder klar abgegrenzt sein sollten. Die Farbe bleibt zunächst auf der Stoffoberfläche stehen; Sie werden sie deshalb mit dem Pinsel ein wenig in das Gewebe hineinarbeiten müssen.

Stoffmalfarbe verdünnen

Das Verdünnen der Stoffmalfarbe streckt die Farbmenge nicht nur, sondern macht sie auch leichter verarbeitbar. Auf manchen Stoffen läßt es die Kanten der Farbstreifen wäßrig verlaufen, so daß sich ein Effekt wie bei einem Aquarellgemälde ergibt.

2

3

Arbeitsgang 4
Ist der Stoff mit senkrechten Farbstreifen überzogen, dann tragen Sie im rechten Winkel dazu waagerechte Streifen auf, so daß sich ein Karomuster ergibt.

Zweiter Tag

Arbeitsgang 5
Stabilisieren Sie die Farbstreifen nach dem Trocknen durch Überbügeln und richten Sie sich dabei nach der Anleitung des Farbenherstellers. Breiten Sie ein sauberes Tuch über den bemalten Stoff, damit dieser beim Plätten keine Brandflecken bekommt. Achten Sie darauf, daß Sie die ganze Decke bügeln.

Arbeitsgang 6
Schlagen Sie an jeder Kante einen 3 cm breiten Saum nach links um. Befestigen Sie ihn mit Textilklebevlies und bügeln Sie den Saum auf, so daß ein ordentlicher und gerader Rand entsteht.

Arbeitsgang 7
Drehen Sie die rechte Seite der Decke nach oben. Heben Sie die Karos, in denen jeweils zwei Farbstreifen übereinanderliegen, mit einem schwarzen Filzstift oder Stoffmalstift hervor; dabei kommt es nicht auf millimetergenaues Arbeiten an. Zeichnen Sie in jedes umrandete Karo freihändig ein stilisiertes Blatt ein.

Arbeitsgang 8
Legen Sie in jede Ecke der Tischdecke eine Öse. Markieren Sie die Stellen mit einem Bleistift und bringen Sie mit dem Locheisen Löcher für die Ösen an. Ist der Stoff zu dick, so daß Sie mit dem Werkzeug nicht durchkommen, dann schneiden Sie mit der Schere ein Loch aus, das groß genug für eine Öse ist.

Fädeln Sie ein Stück Schnur oder Raffiabast durch die Öse und hängen Sie daran einen Stein, eine große Perle oder einen anderen kleinen, aber schweren Gegenstand auf, der die Decke festhält, wenn es windig ist.

4

5

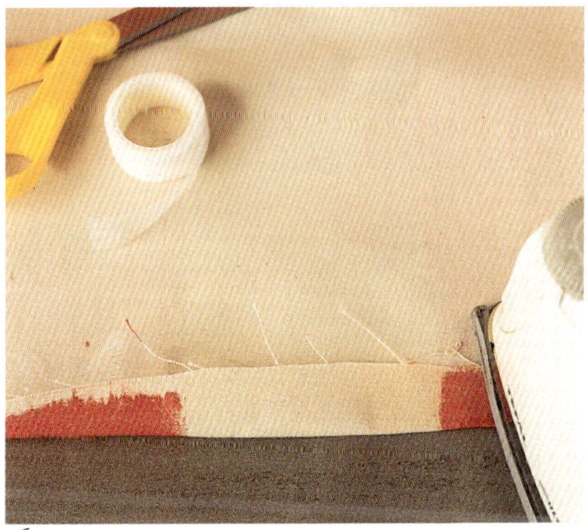
6

7

8

Indianerzelt

Dieser entzückende Wigwam ist aus einfachen Materialien hergestellt und kann mit Stoffmalfarbe zusätzlich verziert werden. Die Kinder werden sicher viel Freude daran haben und stundenlang im Garten Indianer spielen.

Kinder lieben es, Zelte oder Höhlen zu bauen und einen Platz ganz allein für sich zu haben, an dem sie sich verstecken und heimlichtun können. Dieses Indianerzelt ist ein schöner Platz zum Spielen und wird die Phantasie der Kinder so richtig beflügeln. Ist der Wigwam erst einmal fertig, dann läßt er sich im Handumdrehen aufstellen.

Das Zelt besteht aus mittelschwerem Baumwollstramin und aus Bambusstäben, die es in Gartenmärkten zu kaufen gibt. Der Stoff läßt sich mit Stoffmalfarbe oder Filzstift noch verschönern. Sie können auch Stempel aus Kartoffeln oder Schaumstoff anfertigen, einfache Schablonen entwerfen, Blätter bemalen und auf den Stoff drücken, so daß sie farbige Konturen hinterlassen, oder auch Perlen aufkleben und Zeichnungen an das Zelt heften.

Je nach Standort des Indianerzeltes müssen vielleicht die Bambusstäbe etwas in den Boden gedrückt werden. Zwar ist der Wigwam für das Spiel im Freien gedacht, doch er läßt sich genausogut in der Wohnung auf einem Teppich aufstellen.

Anstelle von Baumwollstramin kann man für das Zelt auch ein altes Laken oder Bettlakentuch verarbeiten, das man für wenig Geld als Meterware im Kaufhaus bekommt. Den Stoff können Sie in der Waschmaschine färben. Auch ein Indianerzelt aus Stoffresten, bei dem vielleicht jede Stoffbahn ein anderes Muster zeigt, würde lustig aussehen. Anstelle der Bambusstäbe ließen sich Besenstiele verwenden; dann wäre der Wigwam allerdings viel niedriger als das abgebildete Modell.

Ihr Zeitplan

ERSTER TAG
VM: Material einkaufen
NM: Bambusstäbe zusammenbinden; Stoffbahnen zuschneiden; Zeltöffnung einschneiden

ZWEITER TAG
VM: Seitennähte schließen und Bänder annähen. Ober- und Unterkante einfassen
NM: Zelt zusammensetzen und bemalen

Werkzeug und Material

- 4 Bambusstäbe, je 2 m lang
- 4 m Baumwollstramin (350 g), etwa 1,85 m breit
- Raffiabast
- Maßband
- Schrägband zum Binden
- Band zum Einfassen
- Nähmaschine
- Doppelseitiger Textilklebevlies

Erster Tag

Arbeitsgang 1

Stellen Sie die vier Bambusstangen zu einer Pyamide zusammen, so daß sie stabil stehen, und binden Sie sie an der Stelle, an der sie sich kreuzen, mit Raffiabast zusammen.

Arbeitsgang 2

Messen Sie am Boden den Abstand zwischen den Stangen aus; er muß überall gleich sein. Bei meinem Indianerzelt betrug der Zwischenraum 1 m.

Arbeitsgang 3

Messen Sie 5 cm unterhalb der Stelle, an der sich die Bambusstangen kreuzen, den Abstand zwischen den Stäben. Bei dem hier vorgeführten Projekt waren es etwa 6 cm. Stellen Sie nun die Höhe der Stangen bis zu diesem Punkt fest.

Arbeitsgang 4

Schneiden Sie aus dem Stoff ein Rechteck zu. Es muß 1 m breit sein; dazu kommen noch 2 cm Zugabe je Seitennaht. Seine Länge entspricht der soeben gemessenen Höhe der Bambusstäbe. Legen Sie das Rechteck nach dem Zuschneiden längs auf die Hälfte zusammen, so daß der Stoffbruch rechts liegt. Ziehen Sie von der linken unteren Ecke bis zur rechten oberen Ecke eine Linie. Zeichnen Sie im rechten Winkel vom Stoffbruch ausgehend eine Linie von 4 cm Länge, die an der eingezeichneten Diagonale endet. Schneiden Sie den Stoff an diesen Linien entlang zu.

Arbeitsgang 5

Verwenden Sie das zugeschnittene Stoffstück als Vorlage und schneiden Sie aus dem einfach liegenden Stoff drei weitere, gleich große Stücke zu. Damit Sie am Ende nicht zu viel Verschnitt haben, legen Sie die Vorlage stets so auf, wie es in der Abbildung gezeigt ist.

1

2

3

4

5

Arbeitsgang 6

Für den Zelteingang legen Sie eine der zugeschnittenen Stoffbahnen auf die Hälfte zusammen und schneiden den Stoffbruch bis etwa zur Mitte der Bahn von unten her auf. Fassen Sie beide Schnittkanten mit Band ein, das sie zunächst mit Stecknadeln befestigen und dann mit der Nähmaschine aufnähen.

Arbeitsgang 7

Damit der Stoff am oberen Ende der Zeltöffnung nicht einreißen kann, schneiden Sie ein kleines Stoffquadrat zu, das etwas ausgefranst wird, indem Sie an jeder Kante einige Fäden abziehen, und bügeln es als Verstärkung mit einem Stück doppelseitigen Textilklebevlieses am oberen Eingangsende fest.

Zweiter Tag

Arbeitsgang 8

Stecken Sie die Seiten der Stoffbahnen zusammen und schließen Sie die Nähte. Versehen Sie jede Seitennaht an drei über die gesamte Länge verteilten Stellen mit Schrägband, das lang genug ist, um die Zeltbahnen mit Knoten und Schleife an den Bambusstäben festzubinden. Legen Sie dazu jeweils ein Stück Schrägband auf die Hälfte zusammen, stecken Sie es auf der linken Stoffseite fest, wie es in der Abbildung gezeigt ist, und nähen Sie es mit der Nähmaschine an.

Arbeitsgang 9

Bügeln Sie die Nähte flach. Fassen Sie die obere und die untere Stoffkante des Zeltes mit dem gleichen Band ein wie den Eingang.

Arbeitsgang 10

Setzen Sie das fertige Stoffzelt auf die Bambusstäbe. Richten Sie die Stäbe so aus, daß der ganze Wigwam auf ihnen aufliegt. Binden Sie die Zeltbahnen mit dem Schrägband an den Stäben fest und geben Sie den Wigwam zum Spielen frei.

6

7

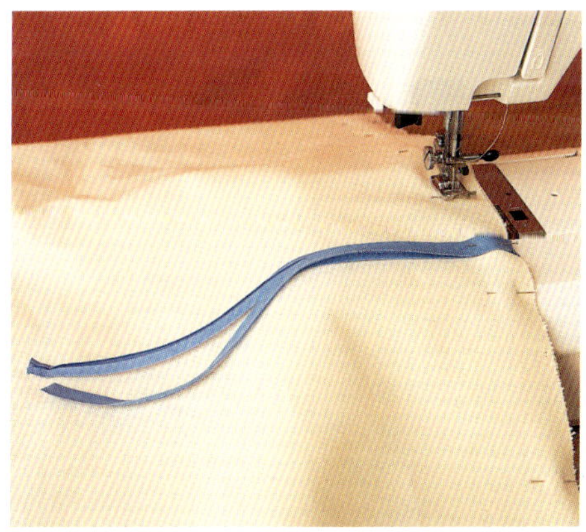

8

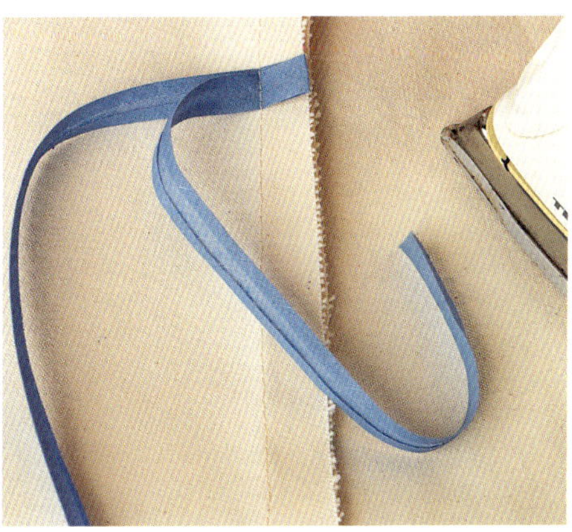

9

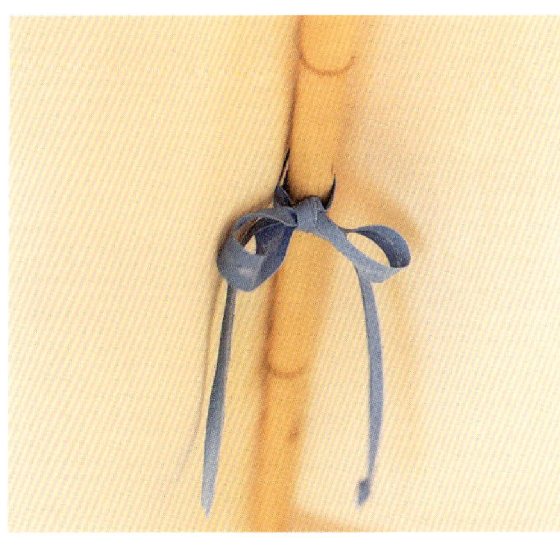

10

Kletterhilfe für Rankpflanzen

Aus galvanisiertem Draht läßt sich sehr gut eine Kletterhilfe für rankende Gewächse herrichten. Damit das Gerüst mehr Stabilität bekommt, nimmt man immer zwei Drähte und verdrillt sie miteinander. Eine Kletterpflanze, an einem solchen Rahmen gezogen, ist ein Blickfang in jeder Ecke des Gartens oder eines Patio.

Die meisten Kletterpflanzen, die im Sommer blühen - Gartenwicke, Clematis oder Kapuzinerkresse - brauchen einen Halt, an dem sie emporranken können. Für gewöhnlich läßt man sie an einem Zaun, an Bambusstäben oder Spalieren hochwachsen. Mit dem Projekt, das ich Ihnen zu diesem Thema vorstelle, können Sie aus gar nicht so teurem und überall erhältlichem Material eine tolle Wirkung erzielen.

Galvanisierten Draht bekommen Sie beim Baustoffhändler und in Hobbybastlerläden in Rollen zu kaufen, auf denen Sie mehr als genug Material für eine Kletterhilfe haben. Den Draht zu verdrillen, ist eine knifflige Angelegenheit, bei der Sie Geduld und einen Helfer brauchen, der Ihnen dabei zur Hand geht. Der Draht muß leicht überdreht werden, so daß er sich etwas krümmt; lassen Sie ihn dann los, damit sich die Überdrehung von selbst langsam löst und der Draht gerade liegt. Nach dem Verdrillen läßt sich das Material recht gut verarbeiten; es kann dann mit dem Seitenschneider oder der Kombizange in vielerlei Formen gebracht werden. Da sich der Draht jedoch ohnehin so geformt hatte, daß er dem Umriß eines Ballons ähnelte und sich so auch gut in einem Blumentopf verankern ließ, habe ich die Form beibehalten. Wenn Ihnen ein rechtwinkliges Rankgerüst oder ein Rahmen mit vielen gewundenen Linien mehr zusagt, dann probieren Sie dies aus. Ein paar Steine aus dem Garten oder eine Schicht Kies auf dem Boden des Pflanzgefäßes geben dem Drahtgerüst den nötigen Halt.

Ich habe an den Stellen, wo der Efeu an der Gartenmauer überhand zu nehmen drohte, einige Ranken weggenommen und in einen Eimer Wasser eingeweicht, damit die Pflanzenstengel zum Einflechten in das Drahtgerüst geschmeidig blieben. Winden Sie die Triebe um das Gerüst herum, so daß die Kletterhilfe schließlich in mehreren Runden von Ranken umgeben ist. Sie können die Efeutriebe erst umeinanderwickeln, so daß Sie dickere Flechten erhalten. Auch Jasmin ist für diese Art von Kletterhilfen geeignet.

Ebenfalls ideal ist das Rankgerüst für Gartenwicken und andere Kletterpflanzen, die nur einen Sommer lang blühen und danach durch rankende Blattpflanzen ersetzt werden können.

Ihr Zeitplan

ERSTER TAG
VM: Material einkaufen; Draht verdrillen
NM: Draht im Pflanzgefäß verankern; Efeuranken besorgen

ZWEITER TAG
VM: Efeu in das Gerüst einflechten
NM: Weitere Samen und Pflanzen einsetzen

Werkzeug und Material

- Galvanisierter Draht, 2 mm stark
- Galvanisierter Draht, 1 mm stark
- Blumendraht
- Seitenschneider oder Kombizange
- Efeu
- Tontopf
- Blumenerde
- Steine und Kies
- 2 Holzstücke
- Wäscheklammer

Erster Tag

Arbeitsgang 1
Schneiden Sie als erstes sechs Stücke Draht von 3 m Länge zu. Verdrillen Sie immer zwei Drähte miteinander, so daß Sie zum Schluß drei gedrehte Drahtstücke von je 3 m Länge haben. Biegen Sie dazu die Drahtenden um ein Stück Holz. Bei diesem Arbeitsgang brauchen Sie jemanden, der Ihnen hilft. Einer von Ihnen hält eines der Holzstücke fest, während der andere sein Holzstück dreht. Drehen Sie so lange zusammen, bis sich der Draht glättet und gerade beginnt, sich zu krümmen. Lassen Sie ein Ende locker, so daß sich der Draht von selbst langsam etwas entflechten kann. Lassen Sie das Holzstück jedoch nicht plötzlich los; der Draht könnte Ihnen ins Gesicht schnellen und Sie verletzen.

Arbeitsgang 2
Nehmen Sie eines der verdrillten Drahtstücke und biegen Sie es zu einer Ballonform. Stecken Sie die beiden Enden in den Tontopf und verankern Sie zunächst das eine, dann das andere Ende mit Steinen.

Arbeitsgang 3
Formen Sie auch den zweiten und dritten Draht und befestigen Sie beide auf die gleiche Weise in dem Pflanzgefäß.

Arbeitsgang 4
Klemmen Sie die drei Drahtstücke an ihrem Kreuzungspunkt mit einer Wäscheklammer zusammen. Rücken Sie sie dabei etwas zurecht, so daß die Abstände zwischen ihnen nahezu gleich sind.

Arbeitsgang 5
Damit die Drähte zusammenhalten, werden sie nun mit 1 mm starkem galvanisiertem Draht verbunden. Füllen Sie das Pflanzgefäß zur Hälfte mit Kieselsteinen, damit die Drähte wirklich fest an ihrem Platz stehenbleiben.

Arbeitsgang 6 (s. S. 61)
Füllen Sie das Pflanzgefäß nun mit Blumenerde auf.

1

2

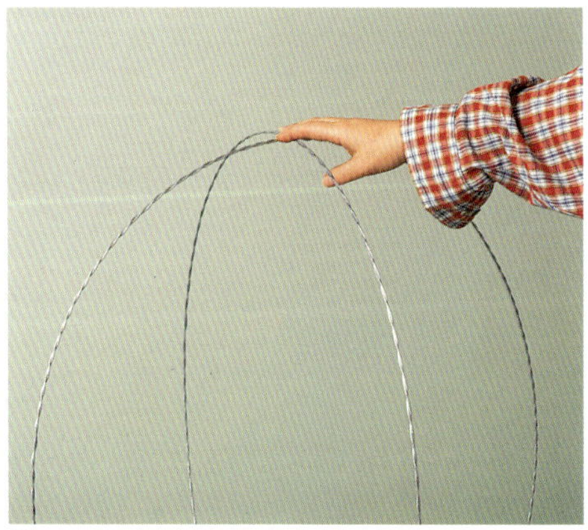
3

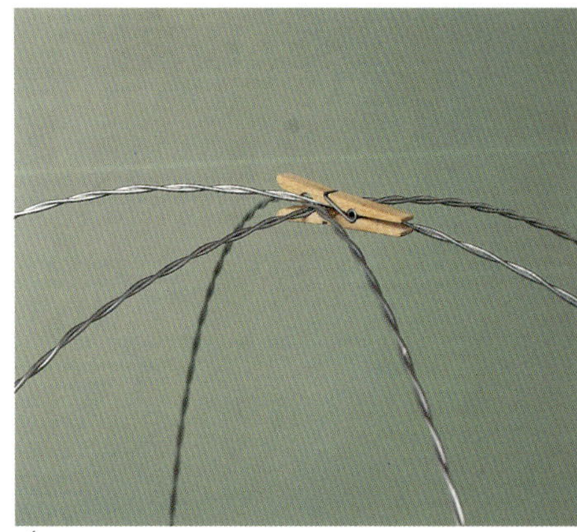
4

5

6

8

9

7

Arbeitsgang 7

Schneiden Sie vom Zaun oder von einer Mauer, wo sich der Efeu zu stark ausgebreitet hat, einige bewurzelte Ranken ab. Legen Sie sie in einen Eimer mit Wasser, damit sie geschmeidig bleiben.

Zweiter Tag

Arbeitsgang 8

Nehmen Sie eine lange Efeuranke, schneiden Sie die längeren Wurzeln und einige Blätter ab. Leiten Sie die Ranke in Kreisen um das Drahtgerüst herum und befestigen Sie den Trieb an jedem Teil des Gerüstes mit Blumendraht. Winden Sie die übrigen Ranken um die verdrillten Drähte und befestigen Sie sie ebenfalls locker mit Blumendraht.

Arbeitsgang 9

Soll die Bepflanzung nicht nur eine Saison lang erhalten bleiben, setzen Sie junge buntlaubige Efeupflanzen in den Blumentopf und winden Sie die länger werdenden Triebe um das Drahtgerüst.

Baldachin

Ein Essen im Freien, bei dem man an sonnigen Tagen lange draußen sitzt, gehört zu den Genüssen des Lebens. Der einfache Baldachin spendet Schatten und hält die Hitze der mittäglichen Sonne von Ihnen und Ihren Gästen ab.

Ein Baldachin im Garten sieht nicht nur beeindruckend aus, sondern beschwört in unserer Phantasie auch romantische Visionen herauf - von Abenden am Mittelmeer, Araberzelten und trägen Nachmittagen mit viel Wein und entspannter Unterhaltung.

Dieser Baldachin ist nicht als fest installiertes Gartenzubehör gedacht. Er ist vielmehr so gestaltet, daß er im Winter und an windigen Tagen abgebaut und ins Haus gebracht werden kann. Die Idee ist ganz einfach: Der Baldachin besteht aus zwei zusammengenähten Stücken Baumwollstramin, die mittels Ösen und Ringschrauben an vier Stangen befestigt werden. Diese Stangen sind Stämme junger Bäume, die noch ihre Rinde tragen und daher ein reizvolles rustikales Aussehen haben. Man bekommt sie für wenig Geld in Gartenmärkten zu kaufen. Damit die Stangen aufrecht stehen, werden sie in Fallrohre gesteckt, die in den Boden gegraben und mit Kies und Sand umgeben oder dauerhaft einzementiert wurden.

Den Stoff bekommen Sie bei einem Lieferanten für Bühnenausstattung oder in einem Geschäft für Bootszubehör. Obwohl das Material bis zu einem gewissen Grad wasserabweisend ist, habe ich es wetterfest gemacht. Regnet es einmal in Strömen, dann muß der Baldachin ohnehin nach drinnen gebracht werden, da er durch Nässe außerordentlich schwer wird.

Anstelle von Baumwollstramin läßt sich auch ein altes gefärbtes Laken oder ein Stück Vorhangstoff verwenden. Soll der Baldachin romantisch-verträumt aussehen, dann arbeiten Sie ihn aus Voile, einem durchscheinenden Schleierstoff.

Ihr Zeitplan

ERSTER TAG
VM: Material einkaufen und zuschneiden

NM: Ringschrauben anbringen; Baldachin anfertigen

ZWEITER TAG
VM: Baldachin wetterfest machen; Löcher für Stangen ausheben

NM: Baldachin aufstellen

Werkzeug und Material

4 rustikale Holzstangen, je 3 m lang

4 m Baumwollstramin (425 g), etwa 185 cm breit

4 Ringschrauben, 75 mm lang

4 Ketten-Notglieder

4 Ösen, 15 mm Durchmesser

Bohrmaschine

2 m Fallrohr, Durchmesser zu den Stangen passend

Bausand oder Kies

Holzabschnitte für Keile

Imprägniermittel als Wetterschutz für den Stoff

Doppelseitiges Textilklebeband

Erster Tag

Arbeitsgang 1
Bohren Sie für die Ringschrauben in jede Stange etwa 20 cm unterhalb des oberen Endes ein Loch vor. Schrauben Sie die Ringschrauben so ein, daß sie rechtwinklig zum Holz sitzen.

Arbeitsgang 2
Schneiden Sie einen schmalen Streifen Stoff für die Verstärkung der Ecken ab. Zerschneiden Sie das große Stoffstück in der Mitte, so daß Sie nun zwei Teile von knapp 2 m Länge haben. Legen Sie die Kanten der Stoffbahnen etwas überlappend aufeinander und verbinden Sie die Bahnen mit zwei Nähten, die jeweils 2 cm vor der Schnittkante enden. Damit der starke Stoff durch die Maschinenmitte paßt, rollen Sie ihn von rechts bis fast an die Nahtstelle zusammen und schieben die Rolle beim Nähen mit durch.

Arbeitsgang 3
Durch die beiden Stichlinien wird die Naht verstärkt und stabilisiert. Nähen Sie am Ende jeder Stichlinie noch einmal etwa 5 cm weit zurück, damit die Verbindung an diesen Stellen besonders fest wird.

Arbeitsgang 4
Fransen Sie die Stoffkanten aus. Das läßt den Rand des Baldachins gefälliger aussehen.

Arbeitsgang 5
Schneiden Sie aus dem Stoffstreifen, den Sie zu Anfang abgeschnitten haben, vier Quadrate von jeweils 8 cm Kantenlänge zurecht. Fransen Sie die Seiten aus und bügeln Sie sie mit doppelseitigem Textilklebevlies auf die Baldachinecken auf.

Arbeitsgang 6 (s. S. 65)
Bringen Sie an jeder Ecke eine Öse an. Da das Locheisen vielleicht nicht durch den starken Stoff dringt, werden Sie die Löcher für die Ösen mit einer scharfen Schere ausschneiden müssen.

1

2

3

4

5

6

7

8

Zweiter Tag

Arbeitsgang 7
Um den Stoff wetterfest zu machen, legen Sie die Bahn auf den Boden und bestreichen sie mit einem guten Imprägniermittel.

Arbeitsgang 8
Während der Stoff trocknet, zersägen Sie das Fallrohr in vier Stücke. Graben Sie da, wo der Baldachin plaziert werden soll, vier Löcher in den Boden, deren Abstand voneinander in Länge und Breite 20 cm kleiner als die Größe der Stoffbahn ist. Die Löcher müssen etwas größer als der Rohrdurchmesser sein. Die Rohrstücke sollten mindestens zur Hälfte im Boden stecken.

Arbeitsgang 9
Füllen Sie den Raum rund um die Rohrstücke dicht mit Sand oder Kies auf. Wackelt ein Rohr, dann schlagen Sie zum Stabilisieren rundum Holzkeile ein.

Arbeitsgang 10
Setzen Sie die Holzstangen in die Rohrstücke ein. Sollten die Stangen etwas zu stark sein, dann hobeln Sie rundum etwas Holz ab.

Arbeitsgang 11
Befestigen Sie nun die Stoffbahn für den Baldachin mit Ketten-Notgliedern an den Stangen. Diese Arbeit muß von zwei Personen ausgeführt werden, da der Stoff sehr schwer ist.

9

10

11

Mosaikwasserbecken

Für dieses kleine Wasserbecken wird sich selbst auf einem Balkon, in einem Patio oder einem winzigen Garten Platz finden. Der Mosaikbelag verleiht dem Becken, an dem Sie nach der Hast des Tages Ruhe und Entspannung finden können, ein elegantes Aussehen.

Vorbild für dieses freistehende Wasserbecken, das ein wenig Stille und Gelassenheit in die Hektik des modernen Lebens bringen soll, waren die dekorativen Bassins, die man in Japan so häufig findet. Das kühle Blau der Mosaiksteine strahlt Ruhe aus; die Wirkung wird von zartfarbenen Seerosen noch unterstützt. An diesem Becken können Sie Stunden mit dem Betrachten der Lichtreflexe und der Fische zubringen.

Die Mosaiksteine kann man in Geschäften bestellen, die mit Zubehör für Swimmingpools handeln. Sie sind jedoch recht teuer. Entscheiden Sie sich deshalb vor dem Kauf, welche Größe Ihr Wasserbecken haben soll und errechnen Sie den Bedarf an Fliesen. Achten Sie darauf, daß sämtliche Abmessungen des Bassins – auch die Wandstärke – durch die Größe eines Mosaiksteins teilbar sind.

Die Rohform des Beckens besteht aus wasserfest verleimtem Sperrholz. Sämtliche Verbindungsstellen sind mit Dispersionskleber versiegelt und miteinander verschraubt, so daß das Bassin wasserdicht ist. Verwenden Sie zum Aufbringen der Mosaiksteine einen Kleber, der für Wasserbecken geeignet ist. Wasserfesten Mörtel bekommen Sie im Baustoffhandel zu kaufen.

Als Untersatz für das Bassin habe ich vier Steine mit 10 cm x 10 cm großen Flächen verwendet, die es in Bau- oder Gartenmärkten als Material für Wegebefestigungen gibt.

Ihr Zeitplan

ERSTER TAG
VM: Material einkaufen

NM: Rohform zusammenbauen; innen und außen fliesen

ZWEITER TAG
VM: Fugen mit Mörtel abdichten; Randleiste anbringen und streichen

NM: Wenn der Mörtel trocken ist, Wasser einfüllen

Werkzeug und Material

- Wasserfest verleimtes Sperrholz, 15 mm stark
- Mosaiksteine
- Randleiste
- Wasserfester Dispersionskleber
- Fliesenkleber für Schwimmbecken
- Mörtel für Schwimmbecken
- Steine mit 10 cm x 10 cm großen Flächen

1

2

3

Erster Tag

Arbeitsgang 1
Die Mosaiksteine bekommen Sie auf einer Netzunterlage befestigt geliefert. Messen Sie die Größe einer Lage Mosaiksteine aus und legen Sie danach die Innenmaße für das Wasserbecken fest, die durch die Größe eines Mosaiksteinchens teilbar sein müssen.

Arbeitsgang 2
Spannen Sie ein feingezähntes Blatt in die Stichsäge ein und schneiden Sie damit aus 15 mm starkem, wasserfest verleimtem Sperrholz die Teile für die Rohform des Beckens zu.

Arbeitsgang 3
Für das Becken benötigen Sie eine Grundplatte, vier Seitenwände und vier Leisten, die als Rahmen für die Oberkante des Beckens dienen.

Arbeitsgang 4
Glätten Sie die Schnittkanten der Sperrholzstücke mit Sandpapier; sie splittern

4

5

6

7

8

9

beim Sägen meist und sehen dann unsauber aus

Arbeitsgang 5

Setzen Sie die Seitenwände rechtwinklig aneinander, bohren Sie durch die gesamte Dicke einer Wand bis in die Schnittkante der anliegenden Seitenwand Schraublöcher.

Arbeitsgang 6

Verleimen Sie die Teile mit wasserfestem Dispersionskleber, setzen Sie in die vorgebohrten Löcher Schrauben ein und verschrauben Sie die Teile miteinander.

Arbeitsgang 7

Verleimen und verschrauben Sie die Bodenplatte mit den Seitenwänden.

Arbeitsgang 8

Befestigen Sie die Leisten mittels Klebstoff und Schrauben an der Außenseite bündig mit der Oberkante des Beckens, wie es in der Abbildung gezeigt ist. Sie dienen der zusätzlichen Stabilisierung der Beckenform.

Arbeitsgang 9

Bevor Sie den Fliesenkleber anrühren, überzeugen Sie sich davon, daß die Mosaiksteine genau auf die Innenseiten der Beckenrohform passen, damit Ihnen dann beim Einkleben kein Fehler unterläuft.

Arbeitsgang 10 (s. S. 70)

Ich habe Mosaiksteine in einer blauweißen Standardmischung verwendet. Setzen Sie hier und da ein paar andersfarbige Steinchen ein, um einen Kontrast zu schaffen.

Den Teich füllen

Wenn der Mörtel (siehe Arbeitsgang 17) völlig trocken ist, dann füllen Sie das Becken mit Wasser. Erkundigen Sie sich in einer Zoohandlung, wieviele Fische in Ihrem Wasserbassin Platz haben und besorgen Sie Pflanzen, die das Wasser mit Sauerstoff anreichern und damit sauber und klar halten.

10

11

12

Arbeitsgang 11
Mischen Sie in einer Schüssel nach der Anleitung des Herstellers den Fliesenkleber an. Tragen Sie dabei Gummihandschuhe, um Ihre Hände zu schützen.

Arbeitsgang 12
Bestreichen Sie den Boden der Rohform mit Fliesenkleber, legen Sie die Mosaiksteine auf und fügen Sie dabei die andersfarbigen Steinchen ein. Damit sie auch flach liegen, drücken Sie sie mit einem Stück Holz fest auf den Kleber.

Arbeitsgang 13
Bestreichen Sie nun die Seitenwände der Sperrholzform mit Fliesenkleber.

Arbeitsgang 14 **(s. S. 71)**
Setzen Sie die Mosaiksteine an den Seitenwänden ein und drücken Sie sie mit den Händen fest an. Ist das Becken innen und außen gefliest, und haben Sie auch auf der Oberkante eine Reihe Mosaiksteine angebracht, dann lassen Sie das Ganze trocknen.

13

14

16

17

15

Zweiter Tag

Arbeitsgang 15

Rühren Sie den Mörtel an und tragen Sie ihn mit einem Schwamm auf die Mosaiksteine auf. Richten Sie sich dabei nach der Anleitung des Herstellers. Lassen Sie den Mörtel trocknen.

Arbeitsgang 16

Schneiden Sie die Leisten zu, die den Rahmen entlang der Einzelreihe aus Mosaiksteinen bilden sollen. Damit die Ecken auch wirklich einen Winkel von 45° haben, benutzen Sie dazu am besten eine Gehrungslade.

Arbeitsgang 17

Leimen und nageln Sie den Rahmen auf die Oberkante. Streichen Sie ihn und füllen Sie alle Lücken zwischen dem Holz und der Fliesenreihe mit wasserfestem Mörtel aus.

Holzterrasse

Diese Holzverkleidung ist ideal für Flächen, die nur für eine gewisse Zeit zum gemütlichen Sitzplatz im Freien umfunktioniert werden sollen. Sie macht sich auch gut, wenn Sie in einer Mietwohnung leben und die dazugehörige Terrasse, den Dachgarten oder ein Stück Wiese damit auslegen möchten, denn sie sind transportabel und können beim Umzug mitgenommen werden.

Mit diesen vielfach verwendbaren quadratischen Holzplattformen läßt sich die eine oder andere Fläche in Ihrem Garten verwandeln: Eine schattige Ecke wird zum Blickfang, eine schöne Rasenfläche zu besonderen Anlässen zur Holzterrasse, ohne daß das gepflegte Grün darunter Schaden nimmt, oder man verdeckt mit den Plattformen einfach ein paar unansehnliche kahle Stellen im Gras.

Ich habe insgesamt dreißig Quadrate mit einer Kantenlänge von jeweils 50 cm hergestellt, die zusammen eine Fläche von 7,5 m^2 ergeben. Sie sind wie kleine Paletten aufgebaut, bestehen allerdings nicht aus sägerauhem, sondern aus gehobeltem Holz. Gestrichen wurden sie mit einer wasserlöslichen Farbe, die für Außenanstriche geeignet ist. Sie fühlte sich bereits nach etwa dreißig Minuten trocken an; die Holzterrasse kann also recht bald nach dem Streichen ausgelegt werden. Sie können die Quadrate auch mit Lackfarbe für außen streichen; diese Farbe braucht zum Trocknen allerdings viel länger.

Ich habe zum Streichen des Holzes Pastelltöne gewählt. Die Quadrate lassen sich auf verschiedene Weise auslegen: In geraden Streifen von jeweils einer Farbe oder in Diagonalen, wie es hier gezeigt ist. Die blassen Töne verkörpern klassische Sommerfarben und verleihen Ihrem Garten, der Dachterrasse oder dem Balkon einen gewissen Zauber. Doch auch der Fußboden eines Wintergartens läßt sich damit interessant gestalten.

Ihr Zeitplan

ERSTER TAG
VM: Material einkaufen; alle Stücke zuschneiden
NM: Hölzer streichen

ZWEITER TAG
VM: Die kleineren Stücke mit Bohrungen versehen; Hölzer miteinander verschrauben
NM: Holzterrasse zusammensetzen

Werkzeug und Material

Nadelholz, 150 mm x 20 mm
Nadelholz, 35 mm x 35 mm
Holzanstrich in 3 verschiedenen Farben
Galvanisierte Schrauben
Sandpapier und Schleifblock
Einspannvorrichtung
Stichsäge
Bohrmaschine

Erster Tag

Arbeitsgang 1
Messen Sie für eine quadratische Holzplattform von 50 cm Kantenlänge zunächst drei Hölzer mit den Abmessungen 150 mm x 20 mm x 500 mm und drei Hölzer mit den Maßen 35 mm x 35 mm x 500 mm ab.

Arbeitsgang 2
Befestigen Sie jedes Teil fest in einer Einspannvorrichtung und schneiden Sie es mit der Stichsäge zu. Rücken Sie, sobald ein Teil zurechtgesägt ist, das Holz in der Einspannvorrichtung nur so weit nach vorn, daß die angerissene Linie, an der gesägt wird, nur ein kurzes Stück darüber hinausragt und von der Vorrichtung so fest wie möglich gehalten wird.

Arbeitsgang 3
Sie müssen nun sechs Holzteile von gleicher Länge haben; drei davon dienen als Lauffläche, drei als Untersatz.

Arbeitsgang 4
Glätten Sie die Enden mit einem Stück Sandpapier mittelfeiner Körnung, das Sie um einen Schleifblock aus Kork legen. Besitzen Sie keinen Schleifblock, dann genügt für diesen Zweck auch eine große Streichholzschachtel.

Arbeitsgang 5
Legen Sie unter die auf Maß geschnittenen Teile Holzreste und streichen Sie alle Seiten mit einer für Außenanstriche geeigneten Farbe. Ich habe einen Anstrichstoff auf Wasserbasis gewählt, der zum Trocknen nur kurze Zeit braucht.

Wiederholen Sie die beschriebenen Arbeitsgänge, bis die benötigte Anzahl Holzteile zugeschnitten und gestrichen ist.

Mit der Stichsäge arbeiten

Wenn Sie Holz mit einer Stichsäge zuschneiden, dann befestigen Sie das Holz vorher stets in einer Einspannvorrichtung, die das Material stabil hält und so die Unfallgefahr vermindert. Achten Sie auch darauf, daß das Anschlußkabel beim Sägen in sicherem Abstand von der Reichweite des Sägeblattes entfernt ist.

1

2

3

4

5

Zweiter Tag

Arbeitsgang 6

Legen Sie die Einzelteile mit der Oberseite nach unten so zusammen, wie sie später miteinander verschraubt werden sollen. Markieren und bohren Sie in jedes der drei Untersatzhölzer (35 mm x 35 mm) sechs Löcher, in die die Schrauben versenkt werden können, und deren Abstände der Position der darunterliegenden breiteren Holzteile entsprechen. Ist das getan, dann verschrauben Sie ein Untersatzholz mit einem Randteil der Oberseite. Achten Sie darauf, daß die Kanten beider Teile bündig miteinander abschließen und die Ecken rechtwinklig sind.

Arbeitsgang 7

Verschrauben Sie das Untersatzholz mit dem anderen Randteil der Oberseite.

Arbeitsgang 8

Schrauben Sie das zweite Untersatzholz gegenüber dem ersten auf die beiden Randteile auf.

Arbeitsgang 9

Legen Sie das letzte Teil der Oberseite in die Mitte und verschrauben Sie es mit den beiden seitlichen Untersatzhölzern. Legen Sie dann das dritte Untersatzholz in die Mitte und schrauben Sie es an den drei Teilen der Oberseite fest.

Arbeitsgang 10

Drehen Sie die Holzplattform um, so daß die Lauffläche nach oben zeigt. Fertigen Sie die restlichen Plattformen auf die beschriebene Weise an und legen Sie sie zum Schluß zu einer Holzterrasse zusammen.

6

7

8

9

10

Glossar

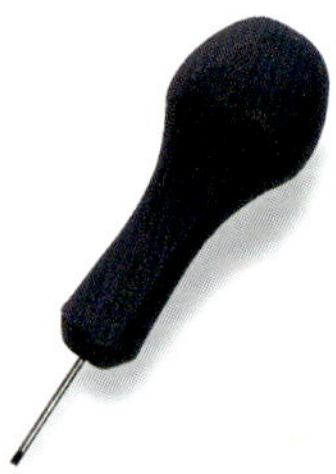

Ahle (Vorstecher)

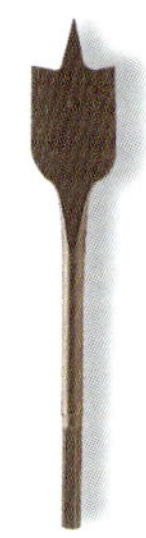

Zentrumbohrer

Gehrungslade

Ahle (Vorstecher)
Ein Werkzeug, mit dem kleine Löcher in das Holz vorgebohrt werden, ehe Drahtstifte oder Schrauben zum Befestigen eingesetzt werden. Mit dem Vorbohren verhindert man, daß das Holz z. B. beim Verschrauben reißt.

Anschlagwinkel
Werkzeug, das aus einem Holz- und einem Metallteil besteht, die rechtwinklig miteinander verbunden sind, und das zum Überprüfen rechter Winkel verwendet wird.

Baumwollstramin
Ungebleichtes Baumwollgewebe (100%), das unterschiedlich schwer sein kann - 285 g, 340 g, 425 g usw. - und begrenzt wasserdicht ist; das Wasser perlt an der Stoffoberfläche ab.

Bleifreies Lötmetall
Von Klempnern zum Abdichten von Rohrverbindungen verwendet. Sehr biegsam.

Blumendraht
Weicher, biegsamer Draht, den Floristen zum Andrahten verwenden, der sich jedoch auch zum Verbinden stärkerer Drahtstücke eignet.

Bogenschablone
Bogen, auf dem man Rohre biegt, ohne sie dabei flachzudrücken.

Dispersionskleber
Weißer Kleber auf Wasserbasis, der beim Trocknen durchsichtig wird und eine starke Klebeverbindung ergibt.

Doppelseitiger Textilklebevlies
Dünner vliesähnlicher Klebefilm, der zwischen zwei Stoffschichten gelegt wird und durch heißes Überbügeln die beiden Schichten miteinander verklebt. Handelsname Wundaweb.

Fallrohr
Plastik- oder Blechrohr in unterschiedlichen Durchmessern und Längen, in dem Regenwasser aus der Dachrinne nach unten abfließt.

Feinsäge
Kurze, feingezähnte Säge. Suchen Sie beim Kauf einer neuen Feinsäge eine möglichst lange aus; sie ermöglicht einen längeren Schub und damit ein schnelleres Arbeiten.

Fliesenkleber für Schwimmbecken
Spezialkleber, der wasserfest ist und extremen Temperaturen standhält.

Formfeder
Röhre aus gewickeltem Draht, die man in Rohre einläßt, die gebogen, dabei jedoch nicht flachgedrückt werden sollen.

Galvanisierter Draht
Draht, der mit Zink behandelt und damit rostfrei gemacht wurde.

Gehobeltes Nadelholz
Entrindetes Kiefern- oder Fichtenholz, zu Leisten, Brettern oder Kanthölzern gesägt und glattgehobelt.

Gehrungslade
Hilfsmittel, das zum Sägen von Holzleisten im Winkel von exakt 45° benutzt wird, so daß diese beim Zusammensetzen einen rechten Winkel bilden.

Holzbeize
Holzbeizen durchdringen die Oberfläche des Holzes und schützen es vor Witterungseinflüssen. Sie lassen auch nach dem Anstrich die Struktur des Holzes erkennen.

Ketten-Notglied
Eine Art offenes Kettenglied, dessen Enden mit Gewinden versehen sind. Die Enden werden von einer Verbindungsmutter mit Innengewinde zusammengehalten. Dadurch läßt sich das Kettenglied nach Bedarf öffnen und schließen.

Kneifzange
Wird zum Teilen von Mosaiksteinen verwendet.

Konturenzeichner
Wird bei der Seidenmalerei benutzt, um Farbflächen einzugrenzen, die nicht über eine bestimmte Grenze hinaus verlaufen sollen. Kann auch zum Aufzeichnen von Mustern auf andere Stoffe eingesetzt werden. Ist in Geschäften für Bastlerbedarf in Tuben erhältlich, die in einer spitz zulaufenden Tülle enden, so daß man die Farbe in feinen Linien auftragen kann.

Kurze Flachkopfnägel aus Kupfer
Kurze nichtrostende Kupfernägel, die mit breitem Kopf versehen sind und sich daher besser einschlagen lassen.

Mosaiksteine
Kleine Fliesen aus Stein, Glas oder Keramik. Sie werden in ein Bindemittel eingesetzt, um dekorative und verschleißarme Oberflächen zu schaffen.

Ösenzange
Eine Zange, mit der die Teile einer Öse zusammengedrückt werden. Wird bei kleinen Ösen anstelle eines Hammers benutzt.

Pflanzenstützstäbe
Stäbe aus jungem Bambus, mit denen hochwachsende Pflanzen und gelegentlich auch Indianerzelte für Kinder gestützt werden.

Ringschrauben
Schrauben, die am oberen Ende an-

Mosaiksteine

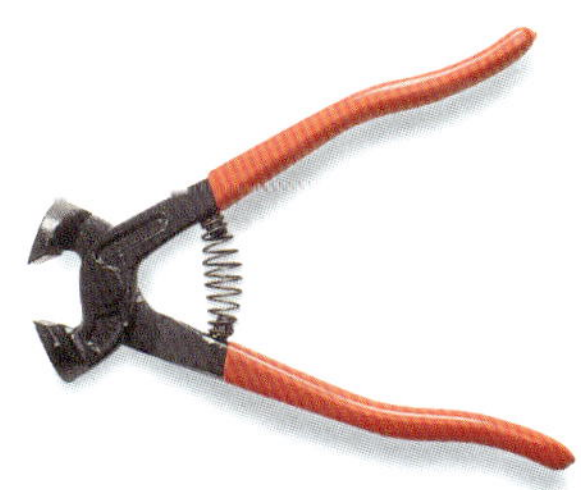
Kneifzange

Rundzange

Sandpapier

Feinsäge

Seitenschneider

stelle eines Kopfes einen Ring haben, in den etwas eingehängt werden kann. In verschiedenen Größen erhältlich.

Rundzange
Zange mit gerundeten anstatt flachen Enden, mit der man Draht biegen kann, ohne ihn dabei flachzudrücken.

Rustikale Stangen
Stämme gefällter junger Bäume, die nicht entrindet sind, und die es in den meisten guten Gartenmärkten zu kaufen gibt.

Sägerauhes Holz
Ungehobeltes, rauhes Weichholz, meist für den Außenbereich verwendet und zum Schutz vor Fäulnis mitunter kesseldruckimprägniert.

Sandpapier
Auch als Schleif- oder Schmirgelpapier bekannt. In verschieden Körnungen erhältlich – von sehr feiner für den letzten Schliff bis zu grober Körnung des Schleifmittels für grobe Arbeiten.

Schrägband
Stoffstreifen, der schräg zum Fadenverlauf geschnitten und deshalb dehnbar ist und zum Einfassen oder Versäubern von Ecken und Rundungen verwendet wird.

Seitenschneider
Zange zum Schneiden verschieden starker Drähte. Zum Drahtschneiden eignet sich auch eine Kombizange.

Senker
Bohrwerkzeug, mit dem Schraublöcher aufgerieben werden, damit die Schrauben nicht überstehen, sondern bis unter die Holzoberfläche eingedreht werden können.

Stoffmalfarbe
Farbe, die speziell zum Dekorieren von Stoff durch Schablonen- oder Freihandmalerei oder zum Bedrukken des Gewebes verwendet wird. Heißes Überbügeln macht sie wasserfest.

Wasserdichter Mörtel
Mörtel, der sich zur Verarbeitung an Stellen eignet, die später unter der Wasseroberfläche liegen sollen. Die meisten Mörtelsorten, die es in Geschäften für Hobbyhandwerkerbedarf gibt, sind nicht wasserdicht. Das Material sollte daher in Baustoffhandlungen gekauft werden.

Zentrumbohrer
Flacher Bohrer mit zugespitztem Ende, mit dem große Löcher in Holzteile gebohrt werden. Die Spitze dient zum Bohren eines Führungsloches für die flache Schneide.

Stichwortverzeichnis